« *Tout songeur a en lui ce monde imaginaire. Cette cime du rêve est sous le crâne de tout poète comme la montagne sous le ciel. C'est un vague royaume plein du mouvement inexprimable de la chimère. Là on vit de la vie étrange de la nuée. Il y a dans tout de l'errant et du flottant. La forme dénouée ondule, mêlée à l'idée. L'âme est presque chair, le corps est presque esprit.* »

Victor Hugo, *Le Promontoire du Songe* (1863)

*

« *La série onirique est comparable à une sorte de monologue qui s'accomplirait à l'insu de la conscience. Ce monologue, parfaitement intelligible dans le rêve, sombre dans l'inconscient durant les périodes de veille, mais ne cesse en réalité jamais. Il est vraisemblable que nous rêvons en fait constamment, même en état de veille, mais que la conscience produit un tel vacarme que le rêve ne nous est alors plus perceptible.* »

Carl Gustav Jung,
Sur l'interprétation des rêves (1936-1941)

*

1

La nuit dehors est bleu foncé. J'ai été réveillée par un léger craquement sur le plancher. À tâtons, je tends le bras pour vérifier si le creux à côté de moi est là. Je sens sous ma main l'ovale imprimé dans la couverture en laine, encore tiède. La petite animale a dormi près de moi, collée à ma hanche, pour la troisième fois.

Un claquement discret me fait sursauter, la porte d'entrée ferme mal et rebondit sur ses gonds contre le chambranle en bois. L'espace d'un entrebâillement, un souffle glacé s'introduit dans la grande pièce du bas où je dors depuis près de six mois. Quand je m'extirpe de la chaleur de la laine, le froid me saisit. Je reprends l'épaisse couverture grise et m'y enroule pour aller remettre quelques brindilles dans le feu. Je souffle doucement sur les braises de la veille. Quand les flammes reprennent, je dispose trois minces bûches en quinconce.

Sous mes pieds nus, l'immense tapis d'un rose passé couvre l'entièreté du sol. Il est encore moelleux par endroits, de courts espaces restés vierges du frottement de millions de pas, sans doute protégés pendant des années par un meuble sur pieds. À ces endroits le rose est encore vif. L'ombre et la cachette ont préservé les couleurs, l'épaisseur et la douceur. Je me demande si cela vaut aussi pour les vivants. Si à trop s'exposer on ne devient pas usé, rugueux et dépourvu de souplesse. Partout ailleurs, le tapis a viré au rose fade. La plante des pieds n'y rencontre plus que la trame élimée de fils noués serrés. Il n'y a plus un seul meuble aujourd'hui. La grande pièce est entièrement vide et je l'ai toujours connue ainsi.

Mes orteils frottent machinalement la bande la plus usée, droite comme un rai de lumière, qui longe la grande baie vitrée. Le soleil ne rentre que fugitivement dans la pièce, sans jamais y pénétrer de plus de quelques dizaines de centimètres. La montagne garde la lumière pour la vallée qui se situe de l'autre côté. L'hiver, on devine plus qu'on ne distingue le soleil. Un premier halo matinal indique qu'il se hisse laborieusement derrière les sommets, puis il fait une brève apparition au mitan, un soleil pâle qui ne réchauffe que le regard, avant de se remettre à décliner, de plus en plus atone, comme à bout de forces d'avoir survécu à une nouvelle journée.

Mais pour l'heure il fait encore nuit. Derrière la vitre, les lunes jumelles sont toujours là, affreusement identiques, d'une blancheur aveuglante. L'humidité de l'aube les nimbes d'un halo de cristaux. Dans deux heures, le disque rougeoyant du soleil se lèvera au-dessus de la ligne d'horizon. Nous ne le verrons pas ici avant plusieurs heures. Pendant la saison froide, la lune, elle, reste visible dans le ciel toute la journée. Voilà trois jours qu'elle s'est dédoublée ; trois jours, que Stella et Jeanne se sont volatilisées. Je suis seule dans la maison et je tourne en rond.

Depuis qu'elles sont parties, j'ai le sentiment que mes pieds ne font qu'effleurer le plancher. Comme si j'avais été délestée d'un poids qui ne me pesait pas et que mon existence seule ne suffisait plus à m'ancrer. Je me figure en montgolfière, à la fois énorme et légère. Mon poignet me fait encore souffrir et la douce présence de Jeanne me manque. Je ne comprends pas pourquoi elles ne sont plus là. Je continue à vivre mécaniquement, sur notre lancée, ne changeant rien au rythme de nos journées. Relancer le feu ; préparer trois tasses de chicorée. Celle de Jeanne, en porcelaine fine parsemée de hérons bleus, belle comme un vase. Celle de Stella, ébréchée et parcouru d'un fil de craquelure marron, maintes fois recollée. Enfin ma tasse au bord doré, délicate et bourgeoise, décorée de fines roses en bouquets.

Dans la petite pièce du bas qui nous sert de cuisine, les tomettes me glacent les pieds. J'installe les trois tasses sur une fine planche de bois et vais m'asseoir devant le poêle, pelotonnée dans ma courtepointe en velours céladon piqué, en attendant que le jour se lève. Depuis trois jours j'ai des crampes intestinales dues à l'excès de chicorée.

Dans un coin de la pièce, contre le mur en bois, se dresse un monticule de plaids, étoles et coussins. Une véritable colline de poils de mohair, d'angora, de mérinos et de soie. La couverture préférée de Jeanne est là, soigneusement pliée sur le dessus de la pile. Soyeuse, d'un bleu perle discret et élégant. Le châle de Stella, tricoté en grosses mailles vert bouteille, est en revanche parti avec elle.

*

Je ne peux m'empêcher de tendre l'oreille, mais il n'y a que le vent dehors qui siffle légèrement. Pas de grommellements ni d'éclats de voix de Stella grondant ses bêtes et griffant ses bras. Je n'aurais jamais imaginé que cela puisse me manquer. Et pas non plus de grincements du plancher au-dessus de ma tête, dans la salle où Jeanne s'entraînait.

Ces séances étaient fascinantes, dans leur rythme comme leur intensité. À la discrétion de l'affût succédait la légèreté de l'approche et la rapidité de l'attaque. On eût dit qu'elle dansait. La première fois, je restai des heures à la regarder. Je recommençais tout juste à marcher après l'accident et avais enfin pu m'aventurer à l'étage. J'étais intriguée par les bruits discrets qui en provenaient. Des frottements, déplacements légers, effectués en silence. Je les entendais toute la journée, quand Jeanne n'était pas occupée dans la remise ou en train de chasser.

Ce matin-là, alors que Stella était partie couper du bois, j'avais donc entrepris de monter l'escalier en pierre qui menait sous le toit. Il était encore tôt. Jeanne était montée directement à la salle du premier. Arrivée sur le palier, je poussai la porte du bout des doigts et découvris une vaste pièce vide d'une trentaine de mètres carrés, exact décalque de celle du bas, à l'exception de son plafond incliné et du sol laissé en bois. Éclairée par quelques bougies, Jeanne avait relevé ses cheveux en chignon. Fine comme une tige, la nuque gracile, la peau pâle et les articulations trop fragiles, elle avait l'air d'un ange anémique. Je me glissai sans bruit contre le mur et m'assis pour l'observer.

Jeanne étirait ses muscles un par un, les yeux fermés. Elle dénoua ses chevilles, plia et déplia doucement ses jambes, ses bras, puis se déploya lentement dans l'espace comme pour en éprouver l'épaisseur. Ses mouvements, légèrement amortis, donnaient l'impression qu'elle évoluait dans un liquide épais. Plongée dans la pénombre, la scène me fit songer à une marée noire ; j'imaginai de maigres pattes engluées et la nage entravée d'un cygne. Jeanne parcourut plusieurs fois d'affilée la grande diagonale de la pièce sans se hâter. Tantôt survolant le plancher, tantôt le caressant, elle évoluait sans ambiguïté possible au murmure *sotto voce* d'un doigté vibrant, vif et léger. Sa progression rendait le son si perceptible que je crus un instant entendre les notes d'un piano.

Parvenue à l'angle opposé, elle se retourna face à la pièce et rassembla ses bras le long du corps. Ses mains remontèrent alors doucement le long de ses hanches, suivirent la courbe de sa taille, pivotèrent légèrement au renflement de sa poitrine. Elles s'élevèrent ensuite très lentement. Ses doigts vinrent effleurer ses pommettes et lâchèrent ses tempes pour s'écarter, poignets cassés, les bras se déroulant lentement jusqu'à la base de l'épaule. Jeanne bascula alors légèrement la nuque et offrit son visage au plafond. Puis elle redescendit le menton en soulevant lentement les paupières, comme une poupée en porcelaine aux yeux dormeurs, fixa un point au sol droit devant elle et s'accroupit dans une infinie lenteur.

Au milieu des particules de poussière qui étincelaient dans un rai de lumière, les narines dilatées et le regard ardent, la jeune femme se fit alors chasseresse. Dans une mobilisation entière de ses quatre membres, elle se coula au sol et se mit à ramper. Son mouvement se fit si ténu qu'un observateur entré à ce moment eut dû l'observer longtemps pour sortir de l'illusion statique. Le moindre frémissement musculaire était allongé jusqu'à se lisser entièrement et son corps semblait se désagréger pour ne pas même effleurer l'air. La rotule glissait, comme huilée sous la peau, les omoplates s'envolaient. Jeanne décomposait son approche à un degré si infime que ses os ne frottaient plus ni ne pivotaient : ils flottaient.

Soudain, brouillant l'air de sa vivacité, elle bondit sur une proie imaginaire. Je vis un trait de lumière jaillir, un éclair roux fendre la pénombre de la pièce. J'en restai étourdie.

Je pris l'habitude de venir la regarder s'exercer chaque jour. Le pouvoir d'attraction de la salle à l'étage reléguait tout au second plan. Jeanne y transformait la prédation en perfection. La discipline et la régularité qu'elle s'imposait lui avaient conféré une maîtrise impressionnante. Dès les premières mesures, elle basculait dans un état second. Son corps se tendait sans crispation ; son esprit se concentrait sans effort. Aiguisée comme un diamant, consciente de chaque nerf, de chaque tendon, elle se consacrait entièrement à l'économie du geste. Tout acte superflu était gommé, chaque mouvement décomposé jusqu'à son élément le plus essentiel. Le moindre clignement de cils explosait en une myriade de particules, une rotation du poignet faisait naître une galaxie de cercles minuscules. Chaque millimètre était disséqué en une infinité de fragments d'une précision chirurgicale, jusqu'à atteindre la trajectoire la plus excessivement simple, la plus magnifiquement dépouillée.

Cette lenteur dans le geste allait toutes les trois nous rapprocher au début de l'automne. Mes mouvements étaient alors encore entravés par l'accident et ceux de Stella par la crise clastique qui devait la plonger dans l'abattement. Nos ralentissements étaient de nature différente mais ils harmonisaient nos gestes et, peut-être, nos humeurs. Seule Jeanne savait se montrer vive aussi, car sa lenteur à elle était choisie. C'est sur elle que reposait le quotidien de la maisonnée. Elle, que l'on voyait virevolter, cet automne-là, de la remise au verger, ramenant proies et herbes sauvages de ses sorties en forêt.

*

Je dois maintenant subvenir seule à mes propres besoins et le potager luxuriant qui m'a accueillie cet été n'est plus qu'un souvenir. Même l'automne semble loin. Une infinie nostalgie s'empare de moi à la pensée des premiers frimas qui jouxtaient l'été de la Saint-Martin. Je sortais le matin à peine éveillée, emmitouflée de ma courtepointe, cueillir pour le petit-déjeuner quelques figues et des poignées de framboises qui me rougissaient les mains.

Cette époque est révolue. Du jardin, il ne reste désormais que quelques poireaux, fanes dressées, qui résistent vaillamment aux premières neiges. Je puise dans les réserves d'oignons et de pommes de terre remisés avant l'hiver et me sers sur les étagères garnies de bocaux en chérissant ces petits pots de verre que nous avons préparés ensemble, anticipant la promesse de tomates en coulis, confitures et sirops.

L'animale qui dort avec moi m'a aussi ramené un cadavre de lièvre hier, que j'ai trouvé froid et raide près de ma couverture au petit matin. Après un moment de dégoût, je l'ai saisi par les oreilles et posé sur le sol de la cuisine mais je n'ai pas réussi à me convaincre de lui ôter la peau. Il est toujours posé là à attendre, sur les tomettes, petite mort offerte et vaine.

Les deux lunes perdent de leur éclat au fur et à mesure que la lumière du jour croît. Mais on les distingue encore, diaphanes dans le bleu pâle et froid. Je les observe longuement chaque soir. Je suis convaincue qu'elles me regardent à leur tour quand j'ai le dos tourné. Cette pensée me fait frissonner. Il n'y a plus de bois coupé pour alimenter le foyer. Plus de Stella pour sortir manier la hache au saut du lit, plus de Jeanne pour replier son châle. Elles sont parties.

*

2

J'ai moi aussi cherché à disparaître, après les tourments de l'hôtel et de la brasserie. J'avais grandi en périphérie de ville avec ma mère, une enfance sage et banale. Notre voisinage était composé de foyers abrutis de labeur et de désirs de prospérité, une classe moyenne sans histoires. À dix-sept ans, j'en étais partie pleine d'espoirs. J'étais une jeune fille dégourdie et plutôt jolie, sans grande idée de quoi faire de ma vie mais prête à trouver le feu et la joie.

J'avais passé mon adolescence à tromper l'ennui. À traîner mes guêtres des galeries commerciales au canapé du salon. Le centre-ville était loin, nous avions peu de distractions. Aussi passais-je des heures plongée dans de grands récits de contrées lointaines et de mythologies. Avec une amie, nous nous passionnions pour l'Asie et nous étions inscrites à des cours de taï-chi, mais nous nous lassâmes rapidement de ces gestes effectués au ralenti avec des personnes bien plus âgées que nous. Ce fut notre seule tentative je crois de nous essayer à d'autres occupations. Nous retournâmes à notre ennui.

Mon bac en poche, je voulus donc partir à la rencontre de la vie. Mais mes espoirs furent de courte durée. Logée chez des amis en ville, pendant des semaines j'épluchai les annonces et allai frapper à de nombreuses portes, mais je ne trouvais que des postes mal payés et sans intérêt, que je déclinais. Je n'avais aucune qualification, aucune expérience et nous étions nombreux à partager cette condition. Aussi, au bout de trois mois je finis tout de même par accepter un travail dans un restaurant chic, face à la gare.

C'était une brasserie ancienne tout en nappes de tissu blanc, habillée de verrières aux motifs végétaux et d'un long comptoir en laiton doré. Mais je n'apercevais la grande salle illuminée par les appliques Art déco que de l'extérieur, quand j'arrivais à vélo. Les employés avaient une entrée spécifique, dérobée aux regards dans une rue adjacente. J'étais affectée aux cuisines, à la plonge et aux menus travaux. Je préparais les ingrédients, épluchais, émincais, touillais et disposais. L'hiver, je ne voyais pas le jour. La cuisine était une pièce aveugle dans laquelle on perdait la notion du temps.

J'étais payée au lancepierres et dus renoncer à prendre un appartement en ville. Je ne pouvais pas occuper le canapé-lit de mes amis indéfiniment ; je rejoignis donc bientôt le toit de ma mère au bout de la rangée de pavillons.

Je n'étais pas malheureuse pour autant. L'ambiance était bonne en cuisine et nous riions souvent. Notre chef de cuisine était une *vieille moustache*, un vétéran des fourneaux et des branle-bas de combat aux heures de pointe, un homme aux valeurs désuètes et inébranlables. Il était intraitable sur la propreté et la ponctualité, capable en cas de défaillance de se mettre dans de spectaculaires colères. Mais en dehors de ça il mettait un point d'honneur à nous traiter avec justice et bonté. Nous lui offrions en échange notre totale loyauté. Ceux de la salle, des chefs de rang guindés dans leurs costumes, étaient plus à plaindre que nous. Ils se faisaient constamment houspiller par le maître d'hôtel. On en voyait de temps en temps, les nouveaux généralement, venir s'effondrer en cuisine. On leur donnait un verre de cognac en douce. Quand ça ne suffisait pas, on leur tendait un tabouret en bois. D'autres, à l'inverse, débarquaient encore secoués avec l'intention évidente de se venger en passant leurs nerfs sur les commis. Nous nous serrions les coudes alors, plongions de concert nos mains dans de grands sacs et plus d'un dut reculer devant nos menaces de jets de farine.

Grâce au loyer économisé en restant chez ma mère, je pus au fil des mois mettre de l'argent de côté. La priorité à résoudre était celle de mes trajets jusqu'à la ville. Les quelques cars qui faisaient la liaison étaient d'une lenteur désespérante et le service s'arrêtait trop tôt le soir pour me permettre de rentrer. J'avais toujours détesté le vélo ; je dus m'y mettre. Je maudissais les côtes et grelottais en pédalant tout l'hiver. L'été, je suais. J'arrivais chaque matin échevelée et déjà fatiguée au restaurant. Aussi, encouragée par le chef de cuisine, je finis par passer le permis et m'achetai une moto. Non seulement cela révolutionna mes déplacements, mais quelque chose bougea aussi en moi, de l'ordre de la conscience. Je me vis, je crois, pour la première fois. J'aimais la sensation de liberté que me donnaient la vitesse et la fluidité d'accélération de l'engin ; j'aimais aussi le *style* que cela me donnait, celui d'une jeune femme indépendante. J'enfilais mon casque comme on revêt une armure. Cette moto me métamorphosa.

Jusqu'à l'accident, je ne la quittai pas.

*

Je garde un souvenir confus de l'accident. Des effluves d'essence, la sensation de ma peau collée au goudron et d'une respiration saccadée, tentant de s'ajuster au rythme des coups qu'un golem assis sur moi m'infligeait sans répit ni pitié. Je me souviens d'une douleur fulgurante qui pulsait dans mon crâne, de la sueur qui me piquait les yeux, de mon effroi quand je m'étais mise à éprouver des difficultés à déglutir. Je me remémore avec terreur que le golem avait ri aux éclats quand je lui avais demandé, d'une petite voix, si on pouvait se noyer avec sa propre salive. J'avais sans doute perdu conscience, et probablement un peu déliré.

Dans le brouillard comateux de l'accident, j'avais repensé à la jeune femme de cette époque, si fière de sa moto. J'aimais foncer seule sur les routes la nuit, me sentir libre ; jamais pourtant je n'aurais imaginé qu'elle me conduirait si loin et, au-delà de l'autonomie, elle témoignait aussi d'un rapport ambigu au danger, comme souvent quand on confond vitesse et liberté.

Réactivés par les pics de douleur, de nombreux souvenirs m'étaient revenus à l'esprit. Je m'étais remémoré un incident particulier, du temps où je travaillais encore à la brasserie. Nous préparions le coup de feu du midi. Un commis, affairé sur la surface en inox à côté de moi, s'était soudain mis à hurler. Il s'était violemment entaillé la main. Le plan de travail était taché de sang ; un morceau de chair pendait de son doigt. J'avais été envahie d'un vertige et m'étais évanouie.

Le lendemain, j'avais décidé de me faire tatouer. Mes motifs étaient esthétiques et romantiques, à leur façon. De ma passion pour l'Asie j'avais gardé le désir d'une carpe Koi, dont la légende indiquait que si elle parvenait à nager à contre-courant jusqu'à la cascade située tout en haut de la rivière jaune de Hunan, elle serait transformée en dragon. Le tatouage m'attirait depuis longtemps par son caractère élégant et initiatique. Mais au fond de moi j'étais aussi curieuse de savoir comment je serais capable d'accueillir la douleur.

C'est une attirance difficile à expliquer, ce besoin de marquer son corps. Il s'y noue l'envie d'avoir mal, de sentir la piqûre vive qui réveille la chair, et sans doute éprouvais-je alors le besoin sourd de rompre l'enchaînement de mes journées et de pimenter ma vie. Mais c'était aussi une manière de conjurer l'angoisse que je ressentais depuis toujours à l'idée de chairs martyrisées. Enfant, j'avais eu le malheur de tomber sur des récits de torture dans un livre et en étais restée profondément choquée. Des images terrifiantes s'étaient inscrites en moi. Au lieu de m'en détourner, mon esprit y revenait sans cesse, comme une plaie qu'on empêche de se refermer. Alimentée de terreurs nocturnes, ma capacité à m'identifier aux souffrances d'autrui était devenue maladive. Je pleurai avec une sincérité confondante devant le moindre documentaire animalier. J'étais d'une sensibilité aiguë et il n'était pas rare que ma mère me réveille en larmes au milieu de la nuit.

Si cette période de cauchemars intense s'était estompée à l'adolescence, j'en conservai néanmoins des réminiscences et la blessure du commis avait fait ressurgir à ma conscience mon incapacité à encaisser. C'était une source de gêne et de fragilité que j'étais résolue à colmater. Je voulais apprivoiser la peur et le tatouage allait m'y aider.

Ç'avait été un calvaire. À chaque rotation du faisceau d'aiguilles qui s'enfonçait dans ma peau, je m'étais efforcée de faire le vide dans mon cerveau, d'accueillir la douleur en détachant mon esprit. Mais je n'avais pas su l'empêcher de se nourrir de l'épreuve pour produire ce qu'il faisait de mieux, l'empathie dans l'horreur. Je m'étais terrifiée jusqu'à la nausée en pensant aux pics de souffrance qu'un corps torturé peut endurer. Mon objectif était brisé. Non seulement je n'avais rien apprivoisé, mais des cauchemars à la puissance décuplée revinrent alors me tourmenter.

Des images sadiques me traversaient l'esprit jour et nuit, des déferlements insensés de violence qui m'effrayaient et me hantaient pendant des heures. Dans la cuisine de la brasserie, chaque couteau semblait se teinter de sang, les marteaux attendrisseurs défonçaient des crânes, je voyais des corps suppliciés dans chaque escalope, l'eau bouillante défigurait des visages. Le manque de sommeil faisait dérailler mon cerveau et les pulsions morbides qu'il générait m'empêchaient à leur tour de fermer l'œil. Je me sentais prise dans un étau.

Étonnamment, je parvenais encore, en dépit des troubles et de l'épuisement, à assurer mes tâches et à camoufler mes dérapages. Je carburais à la nicotine et au café ; je dissimulais ma nervosité et le tremblement de mes mains sous une raideur qui pouvait passer pour de la rigueur. Je ne sais comment j'y parvins, mais le chef de cuisine semblait satisfait de mon travail et peu à peu je pris même du galon. On m'offrit un jour une promotion consistant à rejoindre le service en salle. Je refusai sans l'ombre d'une hésitation. J'avais vu trop de chefs de rang partir défaits au bout de quelques semaines. Quelques mois auparavant, j'aurais été enchantée de saisir cette opportunité de gagner plus d'argent mais je me sentais alors trop instable pour tenter l'expérience. Je savais que je ne tiendrais pas le coup de l'urgence permanente et de la pression.

Le chef de cuisine en fut peiné ; je m'étais toujours montrée si volontaire, il ne comprenait pas ce soudain manque d'ambition et se mit à m'observer avec davantage d'attention. Sans doute dut-il se rendre compte que j'avais besoin de changement, à moins qu'il ne m'ait simplement prise en affection. Quoi qu'il en soit, je reçus quelques semaines plus tard une convocation du patron. Celui-ci possédait également l'hôtel adossé à la brasserie, et cherchait une réceptionniste. L'entretien se déroula correctement. Le poste semblait calme et était bien payé, il me permettrait de revoir la lumière du jour. J'acceptai.

*

L'hôtel abritait une cinquantaine de chambres, c'était le plus grand de la ville. Il était idéalement situé près de la gare, en plein centre. Nous étions souvent complets. Mon poste se révéla vite exigeant et considérablement moins paisible que je ne l'avais escompté.

Il n'y eut pas de période d'essai. À compter du premier jour, je me sentis piégée. Je devais faire face à toutes sortes de demandes. Il m'avait été clairement expliqué que je devais toujours, *toujours* satisfaire le client. Me composant une assurance que j'étais loin d'éprouver, je jonglais entre le téléphone, les arrivées et les départs, les caprices des clients, la complainte des femmes de chambre et les mille tracas d'un hôtel réunissant une centaine de personnes. Tous nos hôtes étaient de passage, nous n'avions pas le temps de nous connaître et pourtant il nous fallait vivre ensemble. Je me retrouvai à gérer le quotidien d'un petit village dont chaque habitant se moquait des conséquences de ses actes – il ne reviendrait jamais.

De mon poste dans le hall d'entrée, j'entendais et observais beaucoup. Ce que je ne voyais pas, je l'imaginais. La forme de promiscuité perverse, déphasée dans le temps, qui oblige à sentir les odeurs, toucher les vêtements intimes, les draps froissés de la nuit, ramasser la serviette souillée d'un inconnu. J'appris l'indignité qui s'exprime loin des regards, derrière des portes closes. Le restaurant et l'hôtel formaient une voie de délestage sur laquelle les clients pouvaient se décharger de toutes les nécessités matérielles du quotidien. Cuisiner, faire les courses, la vaisselle, ranger, nettoyer... nous étions leur délivrance ; nous étions leur domesticité. Nous prenions en charge jusqu'à leurs secrets – toutes leurs *affaires*. Les femmes de chambre devaient saluer respectueusement dans les couloirs des personnes dont elles venaient de nettoyer les traces dans la cuvette des toilettes.

Et mes cauchemars se poursuivaient.

La réception était le fond de l'entonnoir ; j'étais celle auprès de qui chacune et chacun venait chercher son dû, crier sa colère ou confier son désespoir. Je recevais chaque jour un déluge de critiques, des menaces parfois, une foule de questions sur tout et n'importe quoi. Loin de m'habituer, je me sentais chaque jour plus submergée. Le téléphone crépitait. Un flux constant m'étouffait de vies projetées, de solitudes et de désirs pressants. Mon poste exigeait une patience à toute épreuve que je ne possédais pas. Je devais feindre de tout gérer avec doigté et patience, quand j'avais envie de hurler mon désarroi. On requérait de moi réserve et diplomatie ; j'étais traversée de violentes envies d'outrance et de vulgarité.

Je perdis contact avec mes amis. L'accumulation et la fatigue muaient en harcèlement ce qui n'était que sollicitude de leur part ; je perdais ma faculté de jugement. J'esquivais les questions, ne disant jamais précisément où j'allais ni avec qui je serais. Je m'entourais de flou et d'imprécis, des envies de fuite me mordillaient la nuque. Je ne supportais plus la surabondance de choix et d'informations qui me bombardaient sans relâche, des écrans d'actualités aux salves de notifications. Je ne voulais plus des lumières criardes ni du bruit de la société, de cette normalité qui, comme je l'avais lu quelque part, « n'est rien d'autre que le délire accepté de notre relation au monde. » Cette phrase m'avait profondément marquée.

Je crus perdre pied à maintes reprises ; je fus souvent celle vers qui, dans le refuge de la cuisine, on poussa le tabouret en bois. Mais j'y retournais, à chaque fois. Je sombrais peu à peu mais je n'avais pas le choix. J'avais besoin de ce travail qui me consumait. Et puis un jour, l'attendais-je ?, un moineau est entré dans le hall. Un simple oiseau, un peu ridicule. Sautillant sur ses deux pattes, il a passé les portes vitrées et s'est avancé en dérapant légèrement sur le marbre du sol jusqu'au comptoir. Il a alors regardé comiquement autour de lui et, au bout de quelques minutes d'examen, s'est posément retourné en chemin inverse. J'étais prête. J'ai attrapé mon sac et l'ai suivi.

*

Ma mère est morte une semaine plus tard. Je ne suis jamais retournée à l'hôtel. J'ai vendu le pavillon avec tout ce qu'il contenait et loué une chambre en ville. Je me suis retirée de tous les réseaux, j'ai fermé mes comptes. Je n'ai gardé que ma moto. C'en était fini pour moi de seconder le monde.

Dans la petite chambre que je louais désormais en ville, j'avais posé un matelas au sol avec une boîte de boules Quiès et tout repeint en blanc, puis fait installer des volets pour avoir le noir complet. Je l'avais laissée vide. Je mangeais dehors, me douchais à la piscine et lisais à la bibliothèque ou cachée entre deux allées d'une grande librairie.

Petit à petit, j'avais simplifié ma vie, réduit mes possessions et rendues superficielles toutes mes relations. Je voulais me détacher, que personne ne dépende de moi et ne plus avoir à rendre de compte à qui que ce soit. M'extraire des sollicitations, couper les ponts et effacer mes traces ; ne plus avoir à choisir, à prendre parti ou position. Ne plus me poser de questions. Je ne rêvais que de passivité muette et ignorante. J'aspirais à l'ombre des coulisses, au repos des désinformés. À la quiétude de l'abandon.

La mort de ma mère m'avait laissé de quoi vivre quelques années en faisant attention. Je n'avais plus envie de rien de toute façon. La surabondance des rayons des supermarchés me déclenchait des crises d'angoisse, les salles de cinéma m'étouffaient et l'odeur du kérosène me donnait envie de vomir.

L'infinie litanie des gestes quotidiens m'obsédait. Un vertige me glaçait quand je songeais au nombre de fois dans une vie où l'on se brosse les dents avant de les souiller de nouveau. Je m'angoissais du volume incalculable de nourriture ingérée et aux kilomètres de trajets intérieurs que celle-ci peut effectuer dans un corps. J'avais besoin de rupture. Je m'étais mise à jeûner à intervalles réguliers. J'avais prévu de laisser mes sens s'engourdir. Je voulais prendre la consistance d'un corps qui ralentit.

Je voulais mutiler le désir.

Étais-je aimantée par le sujet au point d'en chercher partout le reflet, ou fut-ce le hasard ? Je tombai à cette période de ma vie sur un article relatant qu'au Japon cent mille personnes disparaissaient chaque année sans laisser de traces. On les appelait les *évaporés*. Pour beaucoup, c'était une question d'honneur : ils partaient parce qu'ils ne s'en sortaient plus, pour ne pas faire honte à leurs proches, parce qu'ils s'étaient endettés ou sortaient de prison. Les évaporés partaient sans lettre ni regrets, sans une explication. Et personne ne les cherchait. Un tiers environ se suicidait, quelques-uns finissaient par rentrer. Mais la plupart se contentaient de se volatiliser dans la nature.

Je me mis alors à rêver d'une cabane de bergers, d'un refuge isolé, d'une hutte près d'une rivière, mais je me savais trop craintive pour vivre seule en forêt. Je n'eus pas le courage de m'évaporer. L'accident l'a fait.

Je sais maintenant que la douleur du tatouage n'était rien. Je crois n'avoir jamais eu aussi mal de ma vie que le jour de l'accident, quand je me suis écrasée sur l'asphalte. La carpe Koi démesurée m'avait martyrisée, mais je l'avais choisie délibérément. Je n'avais jamais envisagé d'embrasser le bitume à pleines dents.

Quand la nuit commença à tomber ce soir-là, les sons m'arrivaient déformés. Je n'arrivais pas à soulever ma tête. L'asphalte brillait d'une clarté lunaire, trop près de mon visage. Je me débattais pour rester éveillée, affolée d'imaginer des bêtes sauvages dans l'obscurité. J'attendis longtemps que des phares se reflètent sur le gravier. Soudain une aveuglante lumière flamboya, d'un blanc absolu. Puis mes souvenirs s'arrêtent. J'ai supposé que l'une des deux femmes m'avait amenée ici, sans savoir ce qu'*ici* signifiait.

*

3

Quand je me réveillai ici il y a six mois, j'étais allongée sur le dos et la première chose que je vis en ouvrant les yeux fut Stella. Elle me souriait de trop près, son regard luisait de folie. Penchée sur moi, elle retira son débardeur et s'ébroua au-dessus de mon corps blessé en susurrant d'une voix mièvre. Elle parlait à ses bêtes, mais alors je l'ignorais. Elle me terrifia.

Au bout d'un temps, visiblement satisfaite, elle allongea ses jambes face à moi et alluma une cigarette. Je ne la quittais pas des yeux, captivée et incapable de bouger. La plante de ses pieds était tannée, d'un gris cendré. Elle suivit mon regard et leva un sourcil amusé, s'accroupit jusqu'à mon visage puis me glissa le filtre mouillé entre les lèvres. Elle attendait que j'aspire mais je ne fumais pas et ne sus comment réagir. Stella reprit alors la cigarette d'un geste brusque, la coinça dans sa bouche et, haussant les épaules, se détourna de moi.

Jeanne apparut peu après sur le seuil de la grande pièce où nous nous trouvions. Son corps menu était couvert d'un châle émeraude. Elle avait le visage fin et triangulaire, les pommettes hautes et le menton pointu. Ses yeux s'étrécissaient vers les tempes et les derniers rayons de soleil faisaient flamboyer sa longue chevelure rousse. Une impression d'évanescence émanait de l'ensemble de sa silhouette. Elle me fit l'effet d'une apparition. Elle me sourit en traversant la pièce et s'approcha du poêle afin de le lancer pour la nuit. Le soleil avait déserté la maison et la température avait chuté soudainement. Je ne la quittais pas des yeux. Accroupie devant le foyer, Jeanne dépliait le bras avec grâce vers les pommes de pin et les branchages de différentes tailles. Elle les évaluait d'un coup d'œil avant de les saisir puis les disposait avec méthode, sans hésitation ni précipitation. Ses gestes étaient exercés et minutieux. Elle craqua une allumette comme on exauce un vœu.

Les jours qui suivirent, je restai allongée dans la grande pièce du bas. Tout mon corps me faisait souffrir. J'étais contusionnée en maints endroits, ma nuque était horriblement douloureuse et mon poignet, maintenu par une attelle, vraisemblablement cassé. J'avais été étendue dans ce qui ressemblait à un terrier de couvertures, délicieusement confortable mais sous lequel je suffoquais de chaud toute la journée.

La nuit, je gardais les yeux ouverts dans l'obscurité. Elle semblait parfois s'animer d'une vie autonome et je croyais alors voir les murs bouger au rythme de l'ondulation des ombres que projetaient les flammes du foyer. Une rafale de vent dehors et celles-ci s'agitaient, brusquement rabattues par le souffle, se redressaient et tressaillaient jusqu'à ce que, l'air de nouveau tranquille, elles puissent reprendre leur longue et paisible verticalité. Au ras du sol, je voyais passer tout un petit peuple de la nuit. Des bêtes minuscules, fort affairées, que je ne voyais jamais dans la journée. Les insectes ne sortaient qu'à la faveur de la pénombre et je m'occupais à deviner leurs cachettes, à donner un sens à leurs trajets et percer l'énigme de leurs visées nocturnes.

Le jour, une grande baie vitrée s'ouvrait sur l'extérieur mais j'étais mal placée et il m'aurait fallu me tordre à moitié et redresser la tête pour voir dehors. J'étais prise de vertige dès que j'essayais. Je connus donc vite par cœur chaque nuance du tapis, du rose indien aux éclairs fuchsia dans les coins que le soleil n'avait jamais atteint. J'explorai toutes les fissures des murs et arpentai chaque zone d'ombre en tentant d'y déceler des miniatures, comme sur les *pierres de rêve*, ces pièces de marbre veiné venues de Chine qui invitent à entrer dans le paysage. Mais cela ne m'aidait pas à rêver. Après la longue phase de cauchemars que j'avais traversée en ville, mon sommeil ici était sans imagination, lourd et amnésique. Seulement par épisodes, des flashs d'une terrible acuité venaient le trouer, me réveillant en sursaut et me laissant haletante et troublée. C'étaient des éblouissements criants de vérité, dans lesquels résonnaient des sirènes d'ambulance, des roulettes de chariots lancés dans des couloirs et des murmures inquiets. J'en gardais des vapeurs d'ammoniaque dans le nez.

*

C'est Jeanne qui me donnait à manger. Tous les soirs, elle venait s'asseoir près de moi avec un bol en bois et se mettait à malaxer le contenu du récipient, formant de petites boulettes qu'elle poussait doucement dans ma bouche. Parfois elle les mâchait avant pour me rendre la tâche plus aisée. Je me laissais faire sans honte ni dégoût. Elle exerçait sur moi un attrait puissant, proche de l'amour que l'on ressent pour une femme, admirée et enviable, mais qui ressemble tant à celle que l'on aurait voulu être qu'on en oublie de la jalouser. J'éprouvais le besoin profond de lui plaire et d'en être aimée. En outre, j'étais totalement déroutée. Blessée et dépendante, je ne savais même pas où je me trouvais et Stella m'effrayait. Jeanne était mon baume, mon seul appui ; je m'attachai à elle comme une noyée.

Tout ici me troublait, à commencer par le silence. Je songeais au nombre de fois où je l'avais imploré, à l'hôtel, d'ensevelir le monde entier. Mon poste m'avait rendue excessivement sensible au bruit. Un jour, j'avais même failli planter mon stylo dans un client. Le cerveau vrillé par le clappement mouillé de sa mastication, je m'étais mise à trembler et à transpirer abondamment. J'avais dû quitter le hall précipitamment. Loin de m'immuniser, les nuisances sonores auxquelles j'étais exposée en ville me perturbaient chaque jour davantage. La sonnerie du réveil du voisin, qui traversait la cloison chaque matin, les sirènes des véhicules d'urgence me déchiraient les tympans. Les klaxons provoquaient migraines et accès de rage. Chaque son devenait un supplice. J'avais enfoui ma montre à aiguilles au fond d'un tiroir et acheté un casque antibruit.

Mais à mon arrivée ici, plongée dans la somnolence d'un univers limité, tous mes sens cherchaient à se savoir encore en vie et le silence que j'avais tant appelé me déstabilisait. On n'entendait rien, à part quelques sons de forêt étouffés par les vitres et les grincements du parquet. Il n'y avait pas de musique, pas de radio ni de moteur ; personne ne parlait. Seule Stella grommelait parfois. Lorsque plus tard je commençai à aller mieux et tentai d'engager la conversation avec Jeanne, celle-ci pencha doucement la tête sur le côté et remua les lèvres, mais aucun son n'en sortit.

*

Il fallut une quinzaine de jours avant que je puisse me lever et effectuer quelques pas dehors. J'avais encore mal, je désespérais de guérir et commençais à sentir s'insinuer en moi l'âme d'un clou de parquet. Je gigotai sur le tapis et tentais régulièrement de me redresser mais mes membres ne me portaient pas.

Au bout de deux semaines d'immobilité, il me sembla soudain que si je restais allongée un jour de plus je ne pourrais plus jamais me lever. C'était la fin de l'après-midi. De la maison, j'écoutais le bruissement du vent levant dans les hautes branches et les derniers chants d'oiseau qui semblaient m'appeler. Jeanne et Stella vinrent me trouver comme si elles l'avaient compris. Nous nous dirigeâmes vers la porte mais malgré le soutien de leurs bras, je me sentais bancale et mal assurée. J'étais prise de faiblesse et de vertiges à chaque pas. Parvenue au seuil, je crus défaillir. Le choc fut si grand que je m'accrochai à Stella. Le soleil dont j'avais été privée si longtemps éclatait à mes yeux au point d'en être douloureux. Je laissai passer un temps, le regard mi-clos pour m'y réaccoutumer peu à peu, puis fis un second pas dehors. Le spectacle me fit alors exulter d'une joie puissante, montée du creux de mon ventre. D'un interminable tapis élimé, mon paysage passait enfin à une explosion chamarrée.

Ici était une maison forestière, installée sur une pente herbeuse en surplomb d'une clairière légèrement vallonnée. De grosses pierres blanches bordaient un chemin de terre jusqu'à l'escalier en granit qui menait à la terrasse sur laquelle nous nous tenions. Les murs de la maison étaient couverts de planches de bois. Adossée à la forêt, elle possédait un étage et un toit pointu avec une longue cheminée. Face à nous se dressait une montagne qui se teintait de carmin et de doré. En contrebas dans la clairière, on devinait une petite allée qui serpentait au milieu d'un verger. Des poiriers, pommiers, cerisiers et noyers étaient disséminés sans logique apparente, comme si quelqu'un avait lancé les graines en l'air et laissé le hasard s'en occuper. Un immense figuier violet, lourd de fruits gonflés, trônait sur un petit monticule. Plus loin à gauche, on apercevait quelques vignes. Le potager était surmonté par de hauts épis de maïs qui semblaient veiller sur les haricots et les melons qui s'enroulaient à leurs pieds. Et partout émergeaient de l'herbe haute de grands tournesols au cœur brun, le duveteux des chardons en graines et la corolle blanche des marguerites des prés.

Nous restâmes là, assises à même le sol en pierre, jusqu'à la tombée de la nuit.

*

La vie s'organisa à trois avec une évidence mystérieuse. Il m'apparut bientôt que nous nous comprenions d'instinct, sans le recours des mots. Nos gestes se prolongeaient, Jeanne et Stella anticipaient mes intentions et je leur tendais leur bol avant même qu'elles aient conscience d'avoir faim. Nous étions très différentes et pourtant nous fonctionnâmes rapidement comme des âmes sœurs, connectées par je ne sais quel mycélium clandestin.

Notre trio m'évoquait les divinités des temps archaïques. Adolescente, afin d'échapper à la torpeur pavillonnaire je m'étais passionnée pour les mythes et récits de la genèse du monde. Je les retrouvai alors. Comme les trois Moires de la Grèce ancienne et leurs sœurs Parques, nous régnions sur notre vallon et en cadencions l'organisation. Nous fixions les destinées de tout un monde en semant la vie, en en prenant soin – et parfois en tuant. Nous nous chargions nous-mêmes de répondre aux nécessités du quotidien ; nous n'assurions rien d'autre que notre propre subsistance. Dans cet univers clos et autonome, Jeanne et Stella agissaient comme des prolongations de moi-même ; mon vœu s'exauçait. Je n'avais plus à rendre compte à personne de rien et ce simple constat dissipait toute question avant même qu'elle ne soit formulée. C'était une évidence d'être là.

Dans cette atmosphère de symbiose inexpliquée, nous avions tout de même chacune nos domaines privilégiés et j'en pris rapidement ma part, même si je restais en partie invalide à cause de mon poignet immobilisé. Je ne pouvais pas fendre le bois en prévision de l'hiver, ni saisir d'objets lourds de ma main blessée, mais j'excellai vite au tri des graines et à la confection des bocaux. Je retrouvai mes gestes sûrs et affûtés de la brasserie en cuisine et pris un vif plaisir à imaginer de nouvelles compositions. Pour la première fois, j'avais toute latitude dans l'élaboration des recettes et m'en donnai à cœur joie. J'inventais des tisanes de capucine épicées de coriandre et des compotes de poires parfumées au thym de montagne qui poussait par petites poignées grêles au-delà du sentier. J'allais cueillir l'ail des ours que je mêlais aux parties saines des tomates gâtées par le *cul noir* pour nous mijoter des coulis parfumés. Je tentai même de faire de l'alcool de figue, mais la boisson fermentée au soleil nous rendit malade au premier essai et j'en abandonnai l'idée.

Stella fendait le bois tôt le matin, puis nous retrouvait à l'heure de la chicorée que Jeanne nous servait dans des tasses brûlantes. J'émergeai de mon terrier de couvertures pour recevoir la boisson, âcre mais réconfortante par sa régularité, qui achevait de me sortir du sommeil. Nous l'aspirions à petites gorgées, serrées devant le poêle en attendant que le soleil se lève et vienne nous réchauffer. Les variations de température étaient importantes et, si les nuits étaient fraîches, on pouvait gagner plus d'une une vingtaine de degrés dans la journée. Quand le soleil atteignait la baie vitrée, Stella sortait s'occuper de la cueillette et de l'entretien du jardin avant qu'il ne fasse trop chaud. Au plus fort de la saison, nous devions nous y atteler toutes les trois tant il y avait de fruits et de légumes à récolter et conditionner. Jeanne, le reste du temps, s'entraînait, se chargeait des réparations à effectuer, disparaissait dans la remise ou en forêt, dont elle revenait toujours chargée d'aliments variés à accommoder.

*

Dans ce quotidien fait d'habitudes qui s'installait, il se passa néanmoins un soir une chose étrange qui devait par la suite occuper largement mes pensées.

C'était la fin de l'été, les soirées commençaient à fraîchir et nous étions assises en tailleur devant le poêle. La petite vitre étroite faisait danser des lueurs orangées sur les murs. Une large planche de bois était posée devant nous, sur laquelle j'avais disposé des grappes de raisin, une coupelle de champignons grillés, un généreux pot de confiture de tomates vertes que je venais de cuire et trois grosses tranches de pain bis. La journée avait été longue et harassante, nous l'avions consacrée à la récolte des dernières lignes de pommes de terre et nous mourions de faim, aussi nous nous ruâmes sur les plats. Quand il ne resta plus une miette de pain, Stella se mit à lécher avec délectation ses doigts poisseux de jus sucré et se laissa basculer en arrière pour s'allonger sur un plaid moelleux. Jeanne se leva à ce moment-là. Elle se mouvait avec grâce, effleurant le tapis de la pointe du pied. Quand elle me frôla du bas de sa jupe, je notai qu'un délicat parfum de violette flottait dans son sillage. Elle sourit à Stella en l'enjambant d'un petit saut et se dirigea vers la sortie. Là, nous la vîmes se défaire lentement de l'ensemble de ses vêtements et repousser doucement la porte derrière elle. Je me levai, me rapprochai précipitamment de la baie vitrée et vis la jeune femme disparaître nue dans l'obscurité.

Cela se reproduisit de manière régulière par la suite. À la tombée de la nuit, Jeanne se dévêtait au seuil de la porte, pliait soigneusement ses affaires et s'éclipsait en silence. Je courais me coller à la fenêtre et la regardais descendre l'escalier de sa démarche souple et déliée, traverser le verger et s'engouffrer dans la forêt. Je la suivais des yeux jusqu'à ce qu'elle disparaisse, happée par la végétation. À chaque fois, cette discrète odeur de violette venait me flatter le nez. Curieusement, jamais je ne songeai à la suivre.

J'eus beau questionner Jeanne, à chaque tentative elle se contenta de me regarder avec gentillesse et ne répondit pas. En six mois, jamais je n'ai entendu le son de sa voix.

*

Tout l'été, nous avions formé un trio harmonieux. Je faisais de mon mieux pour me rendre utile et participer de l'équilibre de la maisonnée. Auprès de Jeanne et Stella, j'avais le sentiment d'avoir trouvé un foyer. À force de nous côtoyer et de vivre ensemble, au même rythme et dans une telle proximité, nous goûtâmes au fil du temps une forme accrue de sororité. Nos règles même étaient synchronisées. J'avais entendu parler de ce phénomène ; je n'y avais à l'époque guère accordé de crédit. On parlait de phéromones suffisamment puissantes pour aligner les cycles, de défense collective contre l'effet « harem », rien n'était démontré. Mais dans notre gynécée improbable, je me surpris à trouver cette idée séduisante.

J'aimais le lien charnel et intime que cela instituait entre nous. Pour la première fois de ma vie, la promiscuité ne me pesait pas.

Mais durant l'automne, malgré la compréhension intime qui semblait nous lier, les choses devinrent moins aisées. Stella commença à se montrer très brusque. Son humeur erratique faisait alterner de longues phases de calme et des accès de colère subits pendant lesquels elle vociférait en se grattant, parfois jusqu'au sang. Jeanne était toujours aussi douce mais ses escapades ne laissaient pas de me troubler. Je commençais à en éprouver un sentiment de dissociation désolant après la symbiose extraordinaire dans laquelle nous avions jusqu'alors vécu.

De toute évidence, Stella, Jeanne et moi-même étions toutes trois pareillement satisfaites de la vie que nous menions, mais il se dégageait d'elles une forme de simplicité originelle dont j'étais dépourvue. Je me donnais l'impression de devoir constamment m'adapter quand elles *appartenaient* au milieu dans lequel nous évoluions. Leurs actes semblaient s'accorder en toutes circonstances avec le moment présent. Stella obéissait à chacune de ses pulsions, Jeanne paraissait guidée par un instinct sûr davantage que par la raison. L'absence de langage articulé entre nous favorisait sans doute cette impression, mais j'avais parfois le sentiment d'être face à des *êtres naturels*. Leurs gestes étaient précis et leur endurance éprouvée, comme si elles avaient toujours vécu ainsi, silencieuses et isolées. On eut dit deux faces opposées d'une même âme sans passé.

J'aimerais pouvoir écrire que je partageais cette paix d'esprit, mais le sentiment d'être la seule personne sensée de la maisonnée venait parfois me pincer. Nous n'avions pourtant pas encore traversé, ni même vu poindre la crise de démence qui arrivait.

*

4

Nous entrions dans l'hiver, les jours avaient considérablement rétréci. Je m'étais merveilleusement adaptée à cette vie frugale, au plaisir du labeur qui épuisait les tensions de mon corps et aux rituels qui ponctuaient nos journées. Je n'avais pas eu le loisir de m'ennuyer depuis l'été. Nous avions tout juste fini de faucher la moutarde et de broyer les derniers pieds de courges et de tomates pour les mélanger à la cendre afin d'amender la terre. Les bocaux étaient prêts ; les couvertures avaient été tapées au bâton ; nous avions une bonne réserve de bois coupé. Les noix et les pommes de terre étaient entreposées au sec et à l'obscurité, avec l'ensemble des graines récoltées que nous sèmerions dans quelques mois. Nous pouvions nous installer tranquillement dans des temps plus austères et plus froids.

Néanmoins j'étais préoccupée. Jeanne sortait de plus en plus fréquemment la nuit. Celle-ci tombant tôt, nous dînions parfois sans elle et notre trinité en était ébranlée. Sans Jeanne, la qualité de l'air dans la pièce semblait modifiée ; nos gestes étaient moins assurés. Stella et moi nous heurtions maladroitement et laissions échapper nos tasses. Son absence, comme le fantôme d'un membre manquant, nous perturbait.

Ces escapades me tourmentaient davantage qu'à l'été. Tant qu'il faisait chaud, il n'était pas absurde d'avoir envie d'arpenter la montagne, nue à la belle étoile. Je pouvais feindre de croire que c'était là une occupation inoffensive et somme toute agréable. Mais quand les premières gelées arrivèrent, le comportement de Jeanne devint indéniablement déroutant.

Tout en elle indiquait une proximité singulière avec la nature. Ses gestes dans le jardin étaient si harmonieux, ses sens à l'affût de la moindre variation d'air, son regard émerveillé de chaque chose. Elle revenait invariablement de ses opérations en forêt chargée de plantes sauvages, de champignons et de proies variées. Son agilité à la chasse intimait le respect. Mais ses escapades nocturnes donnaient à toutes ces qualités une coloration énigmatique, vaguement inquiétante.

Ma nervosité était exacerbée par mon état de fatigue. Si je ne faisais plus de cauchemars comme avant, j'étais en revanche souvent traversée de déflagrations lumineuses pendant mon sommeil. Il me semblait que quelqu'un là-bas essayait de m'envoyer un message, mais je n'arrivais pas à en percevoir le sens. Ces flashs parvenaient à ma conscience tellement imprégnés de bruits métalliques, de bips et de néons blafards que je n'avais qu'une envie, fuir ce messager, ignorer son appel et me rencogner dans mon amoncellement duveteux de mohair. Je me rendormais alors vaguement coupable, sans savoir pourquoi.

Stella aussi était plus agitée, ou peut-être était-ce simplement je voyais plus nettement son comportement, maintenant que nous passions plus de temps ensemble enfermées. Elle passait des heures à converser paisiblement avec ses bêtes, caressant de la main son châle préféré et picorant des grains de maïs grillés, puis d'un coup se levait comme une furie en se tordant les mains. Jeanne n'intervenait jamais dans ces moments de crise. Elle assistait à tout sans ciller ni se départir de son calme. Je devinais que Stella pouvait se montrer mauvaise, aussi, même si elle ne s'en était jamais prise à nous, je pris le parti de calquer mon attitude sur celle de Jeanne. Je restais donc à guetter depuis dans mon tas de couvertures et me réconfortais à l'idée que, si la situation l'exigeait, nous interviendrions. J'espérais surtout que cela lui passerait. Je savais pourtant que ces choses se résolvent rarement d'elles-mêmes.

De fait, les accès de rage de Stella se firent de plus en plus fréquents. Le schéma était toujours le même mais gagnait en intensité. Stella se dressait hors d'elle, s'arrachant les cheveux et griffant chaque repli de peau où les bêtes étaient allées se cacher. À force de l'observer à la dérobée, j'avais compris que le corps de Stella hébergeait de petites créatures, tantôt alliées tantôt ennemies selon qu'elles respectaient ses consignes ou y désobéissaient. Celles-ci étaient extrêmement mobiles, si on en croyait la course nerveuse des mains de Stella qui fouillaient furieusement son cuir chevelu, sautaient vers ses aisselles et remontaient à la nuque pour l'instant d'après fourrager son bas-ventre. Tout aussi soudainement, la folle poursuite s'arrêtait net. Stella prenait alors un air satisfait et reprenait son activité comme s'il ne s'était rien passé.

Un jour néanmoins, ce ne fut pas le cas.

*

Ce jour-là, j'avais entendu Stella monter au premier, où nous disposions d'une petite salle de bains.

Les bruits passaient facilement à travers le plancher et je l'entendis s'agiter. Je redoutais un nouvel accès, mais après le vacarme des tiroirs et quelques chutes d'objets, on n'entendit plus rien. Ce silence me parut encore plus inquiétant. Je restai en bas, mal à l'aise et indécise. Au bout de longues minutes à tendre l'oreille, je décidai d'aller voir.

Stella était assise, adossée au mur, en train de fumer une cigarette. Elle était nue. Son visage était maculé de sang et son crâne luisait, strié de coupures qui détonnaient sur la pâleur de sa peau. Une paire de ciseaux gisait par terre au milieu de mèches de cheveux. Dans le lavabo traînait un rasoir, avec lequel elle avait sans doute fini de se raser la tête. Elle me lança un sourire impérial. La bataille avec ses bêtes avait été rude, mais Stella avait visiblement remporté une nouvelle victoire.

Ce spectacle provoqua en moi un mélange de dégoût et d'effroi. Je n'avais aucune envie de m'attarder, mais alors que je m'apprêtais à redescendre, Stella se redressa d'un bond. Je la vis s'approcher avec méfiance du miroir et commencer à fixer curieusement son reflet. Elle se plongea l'index dans le tympan, puis leva le bras en scrutant son aisselle. Elle voulut ensuite examiner son dos et agrippa ses côtes à pleines mains pour mieux se tourner. Tout son corps tremblait ; elle refit face à la glace. Je vis alors avec horreur ses mains venir à son cou et serrer. Comme dans un cauchemar, avant que je puisse lui faire lâcher prise, les vaisseaux sanguins de ses yeux avaient éclaté.

Me prenant de court, Stella se rua alors dans l'escalier et courut à la cuisine. Je dévalai l'étage à sa suite, vite rejointe par Jeanne. Mais sur le seuil nous reculâmes rapidement. Stella avait saisi un couteau et frappait l'air en visant son dos. Emportée dans son élan, elle fit voltiger une pile de récipients qui s'écrasa au sol dans un fracas épouvantable. Stella sembla surprise un instant. Las, loin de mettre un coup d'arrêt à son délire, le saccage au contraire sembla l'encourager et redoubla son élan. Elle se saisit d'une poêle. Ce fut un véritable déchaînement. Vaisselle, tasses et pots traversaient la pièce et allaient se répandre en éclats de verre et de grès. Jeanne et moi nous protégeâmes le visage de nos bras. Puis Stella se figea et, lâchant tout, s'écroula soudainement à terre. On eût dit que son enveloppe charnelle s'était vidée d'un coup. Après quelques secondes d'immobilité, ses genoux remontèrent vers son torse et son corps recroquevillé se mit à se tordre convulsivement comme sous l'assaut de mille piqûres. Ses yeux étaient révulsés. Elle remonta les mains vers sa tête pour se protéger mais, au contact de la peau nue de son crâne, elle poussa un cri déchirant. Nous la vîmes perdre conscience, terrassée d'épuisement.

Nous portâmes Stella dans la grande pièce. Jeanne la nettoya au gant pendant que je remettais de l'ordre dans la cuisine, puis nous la couvrîmes de plaids et de châles. Sous ses ongles traînaient encore un peu de poils et de sang.

Stella dormit deux jours d'affilée. Quand elle se réveilla enfin, son regard était éteint. Elle passa doucement la main sur son crâne rasé, l'air étonné, puis ramena les bras sous ses seins et resta prostrée ainsi toute la journée.

*

5

Le jour s'est enfin levé et par la baie vitrée j'aperçois une pagaille de moineaux autour de la mangeoire que nous avions installée avec Jeanne en prévision des frimas. C'est un poste d'observation épatant. Hier, pour la première fois j'ai vu un pinson des arbres, reconnaissable à ses traits blancs sur les ailes, sa tête couleur d'ardoise et son ventre argile. Les moineaux eux arrivent toujours en bande, turbulents et hâbleurs, chassant les menues mésanges qui ne reviennent picorer les graines de tournesol qu'une fois l'espace libre. Le bout de mes doigts se souvient encore avec netteté du piquant des petites cosses qui entourent ces graines quand il s'agit de les décoller du cœur desséché. Cet été, quand ils étaient encore en tiges, les tournesols étaient le repaire privilégié d'un couple de chardonnerets élégants. J'avais été émerveillée par ces petites balles de plumes bariolées de jaune et de rouge dont l'apparence exotique tranchait dans notre haute vallée.

Il y a maintenant une cinquantaine de sachets de graines rangés dans la remise. Les inépuisables soucis, obstinés à fleurir jusqu'à avoir du gel sur les pieds, les *cosmos sulfureux* colorés, les capucines qu'il nous ravissait de manger, les grains de maïs et les petits pois, les pépins de poivrons, les infimes poussières de salades et de coquelicots… Tout le jardin de l'an prochain est là, dans ces minuscules germes en train d'hiberner.

J'ai reçu un nouveau flash hypnotique hier, une intrusion désinvolte et inopportune que j'ai maudite. J'étais en train de m'entraîner au premier ; je guettais depuis une heure déjà et l'irruption a fait fuir ma proie. La bête en a profité pour filer derrière une plinthe. J'en ai terriblement voulu au messager.

L'atmosphère néanmoins était plus calme que la dernière fois. On n'entendait qu'un bip régulier qui se confondait avec mon souffle. La voix se voulait chaude et rassurante ; elle me cajolait tant et si bien, elle est restée si longtemps, que j'ai hésité un instant. Mais j'ai réussi à repousser la tentation. Même abandonnée comme je le suis désormais que Jeanne et Stella ne sont plus là, je ne me laisserai pas fléchir. Je ne veux pas y retourner. Il faut absolument que je reste attentive à ne pas perdre la mémoire des foules toxiques, du bruit nauséabond des villes et de leurs désastres plastiques. J'ai tout ce qui me sied ici, même si les événements étranges se multiplient.

Je me demande parfois si je ne suis pas en train de perdre contact avec la réalité. À moins que ce ne soit la réalité qui me fuit ? Depuis cet été, depuis l'accident, je me fais des idées. C'est absurde. J'essaie de ne pas trop y penser mais il me semble que mon corps est ailleurs. Quand je me déplace, mes pieds survolent le sol comme s'ils ne portaient que de l'air. Je n'ai plus de besoins naturels. Je continue à porter des aliments à ma bouche, je mâche et déglutis, mais le processus paraît s'arrêter là, comme si je mimais un repas.

Tout ça reste très confus dans mon esprit.

*

Après sa crise clastique, Stella a établi un autre lien au temps. Ses gestes s'effectuaient désormais au ralenti. Le trajet du bol à sa bouche se faisait dans un tremblement effrayant ; elle mastiquait les aliments pendant des heures et ne se levait presque plus. Cela jeta un voile de tristesse sur la maison et bouscula notre équilibre domestique.

Jusqu'ici je ne m'étais pas aventurée au-delà des limites du vallon dans lequel se trouvaient le potager et la maison. Je ne pouvais pas me départir d'une sourde angoisse à la vue des sous-bois. De cette masse d'épineux et de fayards nous venait parfois l'aboiement d'un chevreuil et j'avais aperçu l'éclair roux d'un renard à plusieurs reprises aux abords du jardin. Je redoutais surtout le loup et le sanglier, l'ours et ces fauves dont j'ignorais tout mais qui peuplaient sans doute la montagne – je me retenais bien d'aller vérifier. Mais la donne changea avec l'incapacité de Stella. Quand il fallut nous ravitailler en pommes de pin et en bois, je me sentis honteuse de ne pas y aller. Je n'étais pas oisive, loin de là, mais Jeanne, à qui l'espace de la forêt était naturellement dévolu, endossait déjà la majeure part de nos travaux. J'éprouvais je crois aussi l'envie de colmater cette peur qui entravait mes allées et venues depuis l'été.

Je m'enfonçai donc dans la forêt un après-midi d'automne, munie d'un sac en toile. Timidement au début – je m'arrêtais tous les dix mètres, sursautant à chaque craquement de brindille sous mes pas.

Puis au bout d'un moment, lasse de me trouver pathétique et constatant qu'il ne se passait rien, je pris de l'assurance.

Je ne croisai ni ours ni sanglier. Seuls quelques oiseaux ponctuaient ma progression de cris d'alerte avant de s'éloigner. Forte de mes nouvelles résolutions et préparée à la rencontre, j'aurais au moins aimé apercevoir un blaireau ou un écureuil. Je me sentais vaguement trahie et déçue d'une désertion aussi palpable. Vexée aussi, car je ne pouvais ignorer mes manières grossières d'intruse, dans un lieu où chaque murmure est familier à ses habitants.

J'avançais ainsi sur le chemin forestier, perdue dans mes pensées, quand me revinrent à l'esprit mes anciens fantasmes d'évaporation et de cabane isolée. Ils firent naître chez moi un regain de défi et de fierté. Je n'étais plus une citadine. J'appartenais à cette forêt. Aussi, après dix minutes de marche, quand je repérai une sente camouflée par des fougères, sans doute formée par le passage répété d'animaux, je m'y engageai.

La pente était un peu raide, je devais prendre appui sur les racines et m'agripper aux branches basses des arbres pour progresser. Les replats étaient labourés et boueux. M'arrêtant à l'un d'eux pour reprendre mon souffle, je compris soudain que je me trouvais sur une souille et que des sangliers, nombreux, venaient s'y rouler. Je fus soudainement saisie de l'idée de m'y enfouir. Un désir puissant soulevait mes entrailles dans un élan archaïque. Prise de vertige, je me vis parmi les bêtes, battant des pattes et des jambes pour mélanger l'eau stagnante à l'humus avant de nous y enfoncer. Seuls nos yeux et nos nez dépassaient, la température y était douce et parfaitement égale. La consistance de la fange gluante sur ma peau était agréable, elle formait une enveloppe protectrice. J'avais la sensation que la boue et mon corps procédaient de la même nature. C'était un sentiment merveilleux de repos et d'abandon. J'aurais pu y passer des journées entières, loin de toute préoccupation.

Un aboiement rauque et bref, sans doute poussé par un chevreuil plus bas dans la forêt, me sortit de ma stupeur et me rendit tout à fait à moi-même. Je recouvrai instantanément mes prudences et, ne désirant pas pousser ma chance plus loin, me hâtai de poursuivre mon chemin. L'expérience cependant me marqua profondément.

Parvenue en haut de la sente, je retrouvai une piste forestière et décidai de la suivre, comptant que c'était un bon moyen de m'orienter. J'étais soulagée de retrouver un espace de marche moins accidenté, mais la piste se fit plus étroite et se mua en un simple chemin de terre envahi par les ronces.

Je traversai une rivière à sec, longeant une clairière. Des herbes folles couvraient le passage et de grosses touffes de jonc et de genêts bordaient le sentier. À travers la cime des arbres, je voyais désormais le ciel, signe que j'approchais d'un col. L'espace se dégageait de plus en plus et gagnait en luminosité. Je débouchai enfin sur un pas entre deux escarpements, petite plateforme minérale parsemée de touffes de thym sauvage, de quelques rochers épars, d'arbustes tortueux et de buis malingres. J'allai m'asseoir sur un des rochers et tentai de repérer notre maison, mais elle était dissimulée par le surplomb d'un verrou qui obstruait la vue.

Le soleil était déjà en train de passer derrière l'un des sommets. La montagne alentour se teintait de rose. Le soleil rasant épousait chaque relief. Chaque arête, chaque faille se détachait de la falaise. Celle-ci prenait l'allure d'un paysage vertical, comme si on avait fait basculer le monde sur son axe. Dressée à l'assaut du ciel se tenait la reproduction miniature et relevée d'une vallée parcourue de sillons de rivières, de grottes, de sommets et de vallées encaissées.

Je restai là un moment à divaguer, assise sur mon bout de rocher, à brouiller les frontières du réel, entre pierres de rêve et souilles de sangliers. Mais au bout d'un moment le froid humide s'insinua en moi, je frissonnai et compris que la lumière du jour commençait à sérieusement décliner. Je m'étais bien trop attardée, aussi je me remis en route en allongeant le pas, ne désirant pas me faire surprendre par l'obscurité. Les couleurs étaient déjà affadies, le relief se fondait dans le sol et je trébuchais sur des racines qui devenaient difficiles à distinguer. Près de la rivière, je m'accroupis sous un pin pour jeter quelques cônes à la hâte dans mon sac et m'empressai de rentrer.

Quand j'arrivai en vue de la maison il faisait nuit, mais la lune croissante éclairait de pleins feux notre vallon. Le jardin semblait luire d'un halo phosphorescent. Le spectacle produisait un effet surnaturel. Je m'arrêtai un instant pour le contempler. J'aurais juré que le sol lui-même émettait des photons.

À la maison, un petit tas de vêtements dans l'entrée m'apprit que Jeanne était sortie. J'en fus contrariée. Depuis la crise, cela s'était instauré de manière tacite : nous ne laissions jamais Stella seule. Celle-ci dormait dans la grande pièce, où une planche pour deux avait été disposée. Je dînai à mon tour puis, épuisée par mon escapade, je poussai la planche sur le côté, m'allongeai directement là où j'étais assise et m'endormis inquiète, pelotonnée dans mes couvertures.

*

Un malaise confus s'était insinué en moi vis-à-vis de Jeanne. Soupçonneuse, je guettais chacun de ses gestes et tenais le compte de ses escapades. Cela devint une obsession. Je me mis à éprouver du dépit ; sa part de solitude en forêt prenait dans mon esprit la forme d'un abandon. Je me découvris jalouse des tapis de mousse qu'elle foulait, des feuillages qui la caressaient. Il m'arriva même certains jours de la suivre en forêt.

Je la surpris finalement un jour en plein mulotage. J'étais allée faire quelques pas en forêt, malgré le mauvais temps. Jeanne était partie bien plus tôt et j'avais peu d'espoir de la croiser, mais le grand air m'appelait. Appuyée contre un pin robuste, je songeais au *shinrin-yoku*, ce bain d'arbres thérapeutique que pratiquent les japonais. Je m'apprêtai à goûter l'écorce, quand j'aperçus Jeanne. Ramassée sur elle-même, souple et fluide, elle se fondait dans le paysage. En forêt c'est avant tout le mouvement qui vous trahit. J'étais sous le vent, immobile. Jeanne n'avait pas perçu ma présence.

Elle avançait à quatre pattes dans les feuilles mortes et les fougères avec la même grâce prédatrice qu'elle mettait à se mouvoir dans la salle du premier. Son déplacement était tout en maîtrise, infiniment lent. Elle se figeait parfois sur place, la main suspendue à mi-chemin, puis reprenait sa progression par légères saccades. On eut dit qu'elle participait à un de ces jeux d'enfant où le soleil doit stopper tout élan. De temps en temps, Jeanne inclinait la tête sur le côté, semblait écouter très attentivement, puis reprenait sa progression pas à pas.

Soudain elle se figea à nouveau, ramassée sur elle-même. Je voyais les muscles frémir sous sa peau. Son regard tendu fixait un point devant elle. On eut dit Méduse prête à vitrifier qui frôlerait son regard. Elle s'élança d'un coup, se projetant dans un bond en avant et disparut.

J'écarquillai les yeux. Un bouquet de troncs la dissimulait à ma vue.

Quand je la vis réapparaître, Jeanne se tenait debout. Un rongeur se balançait dans son poing. Son sourire paisiblement victorieux était taché de sang.

Me revint alors brutalement le souvenir de la légende de Kitsune. Mon cœur se mit à tambouriner. Je tombai à genoux. Kitsune, la femme renarde, capable de rendre les gens fous, de prendre la forme d'une seconde lune dans le ciel, de tordre l'espace-temps.

Ce jour-là, j'avais erré longtemps dans les bois avant de rentrer à la maison. Une foule de pensées contradictoires m'assaillait. J'essayais d'ordonner tous les événements qui s'étaient succédé pour leur trouver un sens mais mes réflexions tournaient en rond et s'embrouillaient. J'oscillai entre des frissons de pure grâce et un sentiment de monstruosité. À la tombée de la nuit, la pluie s'était mise à tomber. De lassitude, mes tensions avaient fini par s'épuiser ; je m'étais mise à l'abri des racines découvertes d'un vieux cèdre. Tapie là, j'avais enfin pu laisser le calme de l'évidence s'imposer.

Je m'étais alors promis de ne jamais souffler mot à Jeanne de ma découverte. C'eut été hors de propos ; elle ne m'avait jamais rien caché. Il m'incombait entièrement d'avoir tant tardé à me dessiller. Je songeais encore que nous reprendrions notre vie commune avec un regain d'harmonie et en éprouvais un bonheur profond.

Las, cette nuit-là Jeanne ne revint pas. Au petit matin j'étais seule dans la maison. Stella avait emporté son châle vert. Debout sur le pas de la porte, face au vallon que couronnaient désormais deux lunes, j'avais resserré la couverture bleu perle autour de mes épaules. La nuit les avait englouties, elles étaient parties.

6

J'étais en train de décortiquer des noix à la cuisine ce matin quand j'ai entendu des pas légers à l'étage. Folle de joie, je me suis précipitée dans l'escalier. J'étais sûre d'y trouver Jeanne, mais la salle était irrémédiablement vide. Adossée au mur, j'ai senti un courant d'air glacial sur ma joue. En parcourant la pièce du regard, je me suis aperçue que la lucarne qui donnait sur le toit était grande ouverte. Je l'ai vite refermée et suis restée un temps interdite. Mon cœur battait à tout rompre et je n'arrivais pas à réfléchir. Pourtant il le faut. Le vent seul n'a pas pu ouvrir la lucarne. J'ai peur que quelqu'un, ou quelque chose, cherche à s'introduire dans la maison.

J'ai fouillé chaque pièce, tout est calme mais je ne me sens pas rassurée. Depuis quelques jours j'ai la sensation d'être épiée. Il me semble voir des silhouettes glisser dans le verger au crépuscule.

Je ne dois plus sortir quand la lumière commence à décliner. Cette nuit je dormirai avec un couteau caché sous ma courtepointe. Et il faut que je trouve le moyen de verrouiller la porte d'entrée.

Absorbée dans mes réflexions, j'ai laissé le feu s'éteindre. C'est un grelottement qui me sort de mon atonie et me décide enfin à aller chercher du bois dans la remise. Il me faut fendre quelques bûches et ce travail me réchauffe avant même que j'aie besoin de les brûler. Juste comme je rentre, il se met à neiger. Je me sers une tisane brûlante et m'installe devant la baie vitrée. Le ciel est uniforme, épais, d'une blancheur mate. Il dégage une luminosité étrange. Le *jour blanc* absorbe le relief ; tout est aplani dehors, sans repère ni paysage. Le ciel a dévoré la montagne et cette idée me fait frissonner.

Le désarroi m'a saisie et tenue sous sa main une grande partie de la journée. Je me suis refroidie et n'arrive pas à me réchauffer. Je me prends à rêver de la douce tiédeur et de la quiétude de la souille. Le couteau sous ma courtepointe, loin de me rassurer, m'obsède et augmente mes craintes. La lame matérialise le danger. Paradoxalement, elle rend concrète, en postulant sa possibilité, l'intrusion que je ne faisais qu'hypothétiser. Je la sors de sa cachette, en tâte le fil aiguisé. Un frisson me parcourt. Je replace le couteau sous la courtepointe, mais il aimante tant et si bien mes pensées que dans un sursaut je finis par m'en débarrasser.

Enfin, dans l'après-midi, le soleil perce la nappe de nuages. La grande pièce est soudain illuminée. Je m'approche de la baie vitrée ; dehors la lumière vient frapper les millions de cristaux de glace qui composent chaque flocon. Je reste les yeux écarquillés, collée à la vitre. Quand je sors, le sol étincelle. Je m'attends presque à l'entendre crépiter. La neige a recouvert de quelques centimètres tout notre vallon. Elle crisse sous mes pas. Je prends un morceau de neige dans ma main et lui tends le bout de ma langue. Mes angoisses s'estompent ; la neige agit sur moi comme une réconciliation.

*

Quand Jeanne et Stella se sont évaporées et que je me suis retrouvée seule le premier soir dans la maison, je m'attendais à sursauter au moindre bruit. Je pensais que le sommeil me fuirait. Curieusement, ce ne fut pas le cas. J'avais passé toute la journée à explorer les environs et à fouiller les buissons ; j'avais appelé jusqu'à m'en briser la voix en ratissant le vallon, fouillé chaque recoin de la remise et fait trois fois le tour de chaque pièce de la maison. J'étais fourbue. En outre je me sentais ébranlée par l'absence ; l'attente m'avait minée et mes nerfs n'aspiraient qu'à se relâcher. Pour le dîner, je me contentai de grignoter quelques petits champignons au goût âcre, une poignée de noix et restai à fixer les flammes, les yeux dans le vague. Un chagrin inquiet embrumait mes pensées et la chaleur pénétrante du poêle me fit rapidement glisser dans l'hébétude. Je n'opposai aucune résistance à la torpeur, glissai au sol et laissai mon corps se délester de toute la tension qui s'y était accumulée.

Il se produisit alors une chose remarquable ; je me mis à flotter. Imperceptiblement, mais sans doute possible, mon esprit se détachait de mon corps. C'était un flux léger mais continu, une fuite incontrôlée. Ma peau était parcourue de frissons ; je me dédoublais. Cette fugue de l'esprit générait en moi un mélange de frustration et de plaisir ambigu. C'était comme essayer de gratter un membre mutilé qui continue à vous hanter, ou sentir un liquide chaud s'écouler le long de vos cuisses sans pouvoir l'arrêter. Quand je m'étais fait tatouer, mes muscles avaient tressauté dans un réflexe de crispation face au danger. Malgré toute ma volonté, je n'avais pas su les maîtriser. Cela m'était également arrivé une fois en sautant dans le vide ; sourdes à mon cerveau qui leur intimait d'avancer, mes jambes rétives avaient reculé. Je n'étais donc pas étrangère à ces manifestations irrépressibles du corps sur lesquelles on peine à exercer sa volonté. Mais cette nuit-là, la première sans Jeanne et Stella, ce fut l'opposé : c'était mon esprit qui se dérobait et mon corps échouait à retenir la force complexe de neurones et d'inexpliqué qui le mouvait.

Je ne saurais dire combien de temps dura l'échappement. Quand ce fut fait, je nageais clouée au sol, dans l'ambivalence d'une pesanteur glacée et du sentiment vertigineux et désincarné de l'ascension. Transie dans mes couvertures près du poêle, je survolais déjà la forêt.

Mon esprit ne disposait plus de la vue ni de l'odorat. Il ne pouvait ni entendre ni saisir, mais savait encore ressentir. Des émotions brutes, aisément discernables, qui prenaient des teintes singulières et variées. Ici, la pourpre tumultueuse d'un cœur apeuré, irradiant de tension, moustaches dressées et oreilles aux aguets, que j'imaginais tapi dans un fourré. Là, juste à côté, un condensé de patience, de maîtrise et de concentration pailletées. Un peu plus loin, la pleine satisfaction du bien-être, toute en rondeur irisée, sans doute nichée dans un terrier.

Je ne contrôlais pas vraiment mes déplacements aériens. Je me laissais guider par les émotions que je percevais, fuyant les effrois et recherchant la joie. J'en trouvai la forme la plus accomplie dans la chaleur de cinq petites lueurs orangées, blotties les unes contre les autres. Elles étaient si délicates que j'avais failli passer à côté. Profondément assoupies, elles n'étaient traversées que de légers frémissements qu'on ne sentait dictés par aucun conflit, aucune fuite à anticiper. On sentait là une disposition à l'effacement des signes même de la vie. J'attribuai cet abandon du souffle et du cœur à une tribu de loirs ou de marmottons en profonde léthargie. Et j'eus soudain désespérément envie de les rejoindre et d'éprouver le doux sentiment d'un collectif endormi. Mais j'étais déjà en train de réintégrer mon corps. Violemment frustrée et tout autant épuisée, je tombai à mon tour dans un sommeil dont émanait une faible lueur nacrée.

Ce fut la première nuit où la petite animale me rejoignit. Je me réveillai le lendemain avec une impression de naissance en moi, le souvenir de caresses dans ma main et d'un vif chaud blotti contre mes côtes.

*

J'ai réussi à bloquer la porte d'entrée en revissant la clenche et en fixant une barre de métal dénichée dans la remise en travers du bois. Ça m'a pris du temps et de la peine, et j'étais assez fière de moi, mais j'ai finalement tout défait en pensant à la petite chose qui me rejoint la nuit. Sa présence est actuellement ce qui m'importe le plus au monde. Et après tout, *ce qui veut venir*, si une telle chose existe, a réussi à ouvrir la lucarne qui était pourtant soigneusement fermée ; une poignée de plus ne va certainement pas l'arrêter. Je regrette juste de ne pas y avoir pensé avant de tant m'agiter.

Je me sens de plus en plus indolente. Cet hiver solitaire, l'absence d'occupations et le temps maussade qui me dissuade de sortir… Je m'adonne toute la journée à la paresse et à la rêverie. J'écoute le bruissement que font les arbres de la forêt quand le vent se lève. Je me blottis au coin du feu en regardant tomber la pluie. J'ouvre de temps en temps un nouveau bocal dont le léger *plop* me ravit. Le soir, dans la lumière déclinante, je passe des heures la joue sur le tapis à guetter le petit peuple de la nuit. Parfois une bête escalade mon bras et vient se nicher dans mon cou ; c'est une douce compagnie.

J'apprécie cette vie qui se déroule au ralenti. Il ne s'agit pas d'une modification dans l'élasticité du temps qui se serait allongé ou étréci, ce sont mes gestes qui prennent le temps ici. Dans ma vie d'avant, je ne faisais jamais le plein en entier à la station-service. Ma carafe d'eau, je ne la remplissais qu'à moitié, jamais jusqu'en haut. Je n'avais pas la patience, je n'avais pas le temps ; j'étais en mouvement permanent. Ça me paraît fou aujourd'hui. Toutes ces minutes, ces secondes qu'on ne supporte pas de prendre quand il s'agit d'effectuer des gestes pourtant simples et opportuns. Mais on est capable de raser des forêts, d'injecter des millions et des tonnes de bitume pour gagner trois minutes de trajet. Pour s'adonner à des activités totalement dépourvues d'intérêt. Des heures passées devant des inepties formatées pour stimuler la dopamine, des journées à suppléer des vies qui n'ont pas le temps de se respecter. Des mois à répondre à des besoins créés de toutes pièces et à scruter le mépris sur des visages aussitôt oubliés.

*

J'appréhendais un peu l'hiver. Je pensais sincèrement que ma saison préférée ici resterait l'été avec son jaillissement de couleurs, les chardonnerets sautillant dans les tournesols, les figues tiédies au soleil et les tomates juteuses du potager. Mais tout a changé avec l'arrivée de la neige. Depuis hier, le silence ouaté me ravit. Je ne me lasse pas de contempler ce blanc omniprésent qui harmonise le monde et l'apaise. En fouillant dans la remise hier pour réparer la poignée de la porte, j'ai trouvé une vieille paire de raquettes en bois. J'ai réussi tant bien que mal à les fixer à mes pieds. J'ai envie de marche et d'air glacé.

Il a tant neigé que je dois forcer la porte pour sortir, puis tracer une allée jusqu'en bas de l'escalier tout en dispersant la cendre du poêle que nous conservons à cet effet. Dans le vallon, la neige a déposé un tapis feutré. De la montagne me parviennent quelques cris d'oiseaux et les craquements des hêtres, lourdement couverts de paquets de neige épais qui enserrent les branches et tiennent glacés à la verticale sur les troncs exposés.

Je m'avance lentement sur le sentier, avec des précautions et des émerveillements que je n'ai jamais eus l'été. Mes pas s'impriment dans la neige fraîche, un peu honteux de se voir si lourds à côté des empreintes élégantes et précises des renards, lièvres, chevreuils et sangliers. Les creux laissés par les raquettes sont démesurés quand on les compare à la portance dont ont besoin les autres animaux de la forêt. Maladroite et transie jusqu'aux doigts de pied, je songe une fois de plus à quel point l'être humain est inadapté à son milieu. Comme pour me narguer, la seconde d'après, un bouquetin saute avec grâce sur le chemin. Je suis encore en train de regarder bouche bée l'endroit où il s'est envolé, qu'il est sans doute déjà au sommet.

Je m'amuse, en redescendant vers la maison, à suivre des empreintes de renard. Je regrette de ne jamais avoir pris le temps de me renseigner davantage sur les techniques de pistage. Un souvenir cuisant me revient, celui d'une balade en forêt où je m'étais exclamée avec ravissement sur des empreintes de chien. J'en avais été si mortifiée que j'avais appris à distinguer les traces les plus courantes et surtout appris la nuance, ténue mais fondamentale, entre le rond canin et l'ovale vulpin.

Les traces légères du renard avancent en ligne droite dans la neige. Parfois elles dévient vers le bord du chemin, visant un petit monticule, une pierre ou une racine en surplomb, où l'animal s'est sans doute arrêté un instant, le temps de les marquer d'un jet d'urine ou de les orner d'une déjection. Puis elles reprennent leur trottinement. Je les suis en prenant soin de ne pas les écraser de mes lourdes raquettes. Alors qu'elles me ramènent au vallon, je m'étonne de ne pas les avoir remarquées à l'aller.

Au seuil de l'escalier, ma surprise grandit. Quand je vois les empreintes se faufiler jusqu'à la porte, une excitation sourde s'empare de moi.

La porte est entrouverte ; sur le seuil flotte un parfum de violette. Ce n'était pas un renard dont je suivais les traces, mais une renarde.

Jeanne est revenue.

J'ai trouvé Jeanne endormie dans la grande salle comme je m'y attendais. Son corps était étalé par terre, comme si elle était tombée d'un coup. J'en ai été étonnée car je l'avais toujours vue prendre le temps de se lover sur elle-même, avec cette charmante manière d'enrouler son menton dans le creux de son bras avant de s'assoupir. Je me suis approchée d'elle et ai soulevé la mèche rousse qui lui barrait le visage. Son nez était salement égratigné, comme si elle s'était débattue. Jeanne était entièrement nue, maladroitement couverte de l'étoffe bleu perle ; elle avait la chair de poule. Sa peau était griffée en de multiples endroits, ses cuisses marbrées d'ecchymoses. Ses cheveux scintillaient à la lueur du poêle, comme traversés de feux follets. Je détournai rapidement le regard de sa toison pubienne ; elle était dorée.

Depuis son départ, et malgré les visites nocturnes de la tendre animale, Jeanne m'a atrocement manqué. Aussi ai-je été déchirée entre la joie de la retrouver et l'inquiétude de la voir dans cet état. J'ai soigné ses coupures, heureusement superficielles et rabattu les pans du plaid sur son corps dénudé, puis ajouté un édredon pour en calmer les frissons. J'ai déposé près d'elle un bol de noix et une purée de châtaignes puis l'ai veillée, alimentant le feu et picorant de petits champignons poivrés en attendant qu'elle ouvre les yeux. Mais elle ne s'est pas réveillée et j'ai fini par m'assoupir à mon tour.

*

7

Je scrute les environs avec plus d'attention depuis l'épisode de la lucarne. Chaque élément inhabituel me met en garde ; je dors mal. Il n'y a pourtant pas eu de nouvelle intrusion dans la maison – ni de flashs, ils se sont espacés ces derniers temps. En revanche, comme j'observais, nerveuse, la nuit par la baie vitrée tôt ce matin, j'ai de nouveau perçu un mouvement dans le jardin.

Les lunes étaient claires et j'ai pu distinguer la silhouette d'une femme, enveloppée dans un châle et chaussée de bottes fourrées, qui se promenait dans les allées du verger. Elle portait un sac plastique ; coincée entre ses doigts, une cigarette se consumait en dégageant des volutes de fumée. Légèrement voûtée, ses longs cheveux tressés en deux nattes d'un blond cendré presque blanc, elle marchait sans hâte. J'eus l'éclair d'une réminiscence, à l'instar de ces figures oubliées que l'on reconnaît sans pourtant en retrouver les traits familiers. Plaquée contre la vitre pour mieux distinguer ses traits, je crus d'abord, dans un sursaut mitigé, que c'était Stella, mais je me ravisai. Ses cheveux n'auraient pas eu le temps de repousser.

La femme s'est alors arrêtée. Elle a longuement regardé le ciel puis s'est assise sur une grosse pierre, les coudes posés sur ses genoux. Je ne voyais pas distinctement son visage, mais elle semblait accablée. Au bout de quelques secondes, elle s'est redressée et lentement, très posément, a tourné la tête vers la baie vitrée et m'a regardée. On eut dit qu'elle savait depuis le début que j'étais là.

Ma mère. Le cœur battant, je reculai précipitamment dans l'obscurité de la pièce. Quand j'osai de nouveau m'approcher pour épier le verger, il était désert.

Jeanne vient de gémir dans son sommeil et ça m'a fait sursauter. Le soleil se lève à peine, il fait froid. J'ai encore laissé le feu s'éteindre cette nuit. Habituellement je me réveille pour l'alimenter mais depuis quelque temps ma santé se dégrade. Mes jambes flagellent, le rythme de mon cœur faiblit jusqu'à se suspendre par moments ; je suis prise de grandes faiblesses. Je manque d'énergie. J'ai réussi à batailler avec les maigres braises qu'il restait pour relancer le poêle mais nos bûches de l'année sont encore humides et sans boutefeu nous finirons gelées. Je m'en veux. Il faudrait nous ravitailler en bois et cela me ferait du bien de m'activer un peu, mais je rechigne à sortir. À ma fatigue s'ajoute le fait que je crains de croiser ma mère dehors. Pour une raison que j'ignore, je suis persuadée qu'elle ne rentrera pas dans la maison, mais elle est peut-être en train d'arpenter la forêt. Quand j'étais petite, elle aimait me conduire, à une demi-heure de la maison, dans un bois bordé d'étangs. Nous y ramassions de jeunes pousses et des glands, qui finissaient invariablement par mourir sur notre balcon.

Je repense aux longs cheveux cendrés, à sa nuque baissée, douloureuse. À son regard ardent quand elle m'a fixée à travers la baie vitrée.

Ce n'est pas la première fois que je reçois des visites du passé. Cela m'était déjà arrivé en rêve, peu après la mort de ma mère, quand je m'étais installée en ville. Pendant un mois, les femmes de ma famille s'étaient relayées à mon chevet. Certaines me parlaient longuement, en chuchotant, mais je ne me souvenais jamais de leurs propos au réveil. D'autres étaient méchantes et s'agitaient, la voix chargée de reproches. Parfois c'était moi qui criais. Mon arrière-grand-mère Marguerite, que je n'ai jamais connue mais dont un portrait trônait au-dessus du canapé chez ma mère, vint souvent à cette époque. Elle, ne parlait pas et se contentait de me caresser les cheveux.

On m'avait dit que ces songes de défunts étaient fréquents et n'avaient rien d'inquiétant. Ils signifiaient simplement que l'on éprouvait le besoin de rompre, de s'autonomiser ou de régler ses comptes avec la personne disparue, à laquelle on n'aurait pas tout dit. Alors celle-ci apparaissait au pied de votre lit ou vous regardait, les yeux grands ouverts, depuis sa tombe. Certains articles que j'avais consultés à l'époque parlaient aussi d'un *besoin de réalité*. Ceux-là soutenaient que les morts revenaient pour réveiller le rêveur et l'inviter à profiter de la vie. Si tel était le cas, ce fut un échec pour moi. Je ne sortis de ce défilé d'ancêtres que mortellement épuisée et sans nouvel appétit.

*

Quand Jeanne se réveille finalement, ses yeux brillent d'un éclat fiévreux. Tout son corps est contusionné et griffé ; elle a l'air misérable, les lèvres et les paupières gonflées. Pourtant, elle irradie le bonheur. Après s'être étirée avec volupté, elle me regarde avec pénétration pendant de longues minutes puis, la peau parcourue de frissons, se pelotonne sous l'édredon et s'endort à nouveau.

Pour elle, je rattache les lanières de mes raquettes. Je crains de ne plus avoir le courage si j'attends.

Dès que je suis dehors, l'épuisement se fait plus léger. La nuit est sublime. J'avais perdu l'habitude de ces magnifiques ciels d'hiver étoilés, sans l'éclat d'une lumière artificielle pour les voiler. Je m'arrête sur la terrasse en pierre et inspire à pleins poumons la beauté glacée de la montagne, une telle dose d'oxygène que cela m'étourdit un peu. Alors que je m'assure d'une main sur le mur, un dard me pique l'avant-bras. La seconde d'après, une myriade d'étincelles fragmente mon cerveau.

La tête me tourne comme la nuit où mon esprit s'est échappé vers la canopée. Quelque chose de neuf s'était alors fiché en moi et je sens, je sais, que l'esquisse d'une naissance ou d'une mutation, restée depuis en veille, vient de se cristalliser à l'instant, dans cette longue inspiration sous les lunes jumelles. Comme si tout le mana des astres et de la forêt venait de pénétrer ma trachée et se déployait désormais dans mes veines.

Je me sens galvanisée par cette révélation. Le temps de la formuler dans mon esprit, elle a acquis la force de l'euphorie. Je n'éprouve plus aucune fatigue. Mon corps s'allonge et se tend ; je pousse des jambes et arque mon dos. Mes vertèbres s'étirent. Je bande mes muscles et serre les poings de toutes mes forces pour en éprouver la matérialité.

Le sang bat à mes tempes mais ce n'est pas d'effroi. Je ne ressens plus aucune peur. Ni des bêtes sauvages, ni de *ce qui veut venir*, ni de croiser mon passé. Mon ventre frétille comme si j'avais avalé une nuée d'anguilles. Les deux lunes m'éclairent ardemment. Et leur effet est tellement puissant que je pourrais m'envoler.

Dans un vertige, je me sens devenir magnétique. L'univers se masse autour de moi. Je tutoie les étoiles dans un déferlement de puissance. Je suis un être cosmique et il n'y a plus un golem sur Terre ou aux Enfers pour rire de moi. Je dévale les escaliers comme s'ils devaient me mener le long du dos velu de Lucifer et m'engage dans la forêt. Parvenue à la souille des sangliers, je me dévêts. Entièrement nue, accroupie les pieds dans la fange, je me couvre le corps et le visage de boue. Au détour d'un chemin, je croise une biche qui a mon visage. Mais j'ai à peine le temps de la saluer que soudain, le martèlement d'une houle immense enfle dans mon dos, monte et s'accroche à mes tempes. En un instant la nuée est sur moi, me bouscule, me heurte et manque me piétiner. Des milliers de sabots, de cornes, de griffes et de museaux s'enfuient vers le sommet, accompagnés de glapissements et de cris perçants.

Je vacille et me rétablis à peine quand le sol à son tour se met à trembler. Il se dérobe sous mes pieds et semble vouloir se rembobiner jusqu'au sommet. Sur la pente face à moi, la terre défile à une allure stupéfiante, elle s'enroule sur ellemême et emporte dans son sillage chaque brin d'herbe, toutes les souches, les rochers, les fougères, les touffes de thym sauvage, les fourmilières. Tout. Comme ces vagues dont le flux, avant un tsunami, se retire loin au large ; en un battement de cils, le versant de la montagne est à nu. Déserté. La forêt s'est volatilisée, remplacée à perte de vue par un sol terreux. Mes raquettes lévitent à quelques centimètres du sol et m'entraînent alors vers la maison en sifflant à ras de l'écorce terrestre. Là, le verger est illuminé de millions d'abdomens gonflés de luciférine qui clignotent pour signaler leur disponibilité sexuelle. Un pantin en forme de Stella est pendu au figuier. Son châle a glissé de l'épaule et se balance doucement dans la brise. Je le réajuste et caresse le crâne nu avant de rentrer.

*

8

Je me réveille en sursaut, trempée de sueur et complètement égarée. Il fait encore jour. Je n'ai aucune idée du temps qu'a duré mon absence. Je palpe mon corps, il a retrouvé ses attributs et dimensions habituelles. En revanche, je ne sais plus de quoi est composé le réel. Toute euphorie a disparu et la redescente me laisse seule et abattue. Soudain une angoisse m'étreint ; aurais-je aussi rêvé le retour de Jeanne ?

Je redresse la tête en gémissant et parcours la pièce du regard. Jeanne n'est plus là mais quelqu'un – moi ? – a relancé le feu. Les raquettes en bois sont sagement posées dans l'entrée. De l'autre côté de la baie vitrée, la forêt s'anime comme chaque jour du vol des étourneaux. Deux mésanges picorent des graines de tournesol en surveillant les alentours. La neige a commencé à fondre et le bord du toit goutte comme quand il pleut.

Je reste toute la journée immobile, prostrée près du poêle à regarder les flammes danser. Pendant ces longues heures de veille, j'en viens à douter de ma propre existence. Après tout, rien ne prouve que je ne suis pas morte dans l'accident. Je suis peut-être au purgatoire, en train de tenter de me purifier ? Ou dans les limbes, où nos âmes voyagent sans récompense ni peine. Qu'est-ce qui témoigne de votre existence quand personne ne vous attend ni ne vous reconnaît ? Nous sommes coupées du monde ici. Je pourrais être le dernier spécimen de l'espèce humaine ; peut-être la civilisation s'est-elle effondrée. Peut-être une bombe nucléaire a-t-elle finalement explosé. Comment savoir ?

L'image de Stella pendue au figuier revient me faire sursauter. Je me lève d'un bond mais mon élan s'éteint d'un coup et je reste là, immobile. J'ai peur d'y aller. Mais ce n'est pas tout, quelque chose d'autre me retient, un sentiment difficile à définir. Même si j'ai du mal à me l'avouer, je crois que Stella m'a toujours un peu répugné. Ses manies, ses pulsions, son impudeur, ses frasques… Je n'arrive pas à dépasser un sentiment d'obscénité. Elle représentait tout ce que je ne voulais pas devenir, la chair, ma mère, la promiscuité, tout ce que je me suis efforcée de fuir ou d'oublier. Cependant, en imaginant son corps se balancer sous le figuier, j'ai honte de ma réaction. C'est injuste, elle m'a aussi laissé de beaux souvenirs. Stella avait parfois des élans, des tourbillons éphémères durant lesquels elle pouvait se montrer étonnamment espiègle. Un jour, peu après mon arrivée, je l'avais ainsi entendue s'exclamer depuis l'entrée sur un ton flûté qui tenait chez elle du ravissement. Elle avait fait irruption dans la grande salle où nous nous reposions tranquillement avec Jeanne et nous avait agrippées chacune par un bras à sa manière abrupte. Nous avions littéralement été traînées dehors, juste à temps pour apercevoir une harde de chevreuils en train de s'élancer dans la forêt. Stella sautillait sur place en souriant comme une enfant.

C'est elle aussi qui nous avait fait célébrer l'équinoxe d'automne. Nous vivions alors au rythme du soleil, nous levant et nous couchant avec lui. Les nombreux travaux que nous avions à effectuer l'été s'accordaient volontiers de ce rythme exigeant, qui ne nous laissait dormir que peu de temps. Mais en ce début d'automne je commençais à languir des longues soirées paresseuses de l'hiver. Je fus donc enchantée que nous rendions hommage à ce moment de l'année où la nuit et le jour s'égalisent enfin.

Stella, partie tôt en forêt, en était rentrée la mine pleine de mystères. Elle s'était activée toute la journée dans la cuisine, nous en interdisant l'accès. Le soir venu, elle avait disposé devant nous une véritable armada de bols et de petits plats. Victorieuse, elle nous avait d'abord présenté une planche couverte de petites écrevisses alignées les unes à côté des autres et décorées d'herbes sauvages. Dans un bol en bois, des fleurs de capucine se mêlaient au goût poivré de la roquette. Des Roses de Berne et des Noires de Crimée nageaient dans leur jus, parsemées de feuilles de basilic. Stella avait fait cuire un pain aux noix et pressé du jus de poire. Elle apporta encore des figues, légèrement confites au miel, et mille autres choses. Nous étions allongées sur des matelas d'étoffes, installées comme des princesses sur la terrasse face aux sommets.

Je puise dans ces souvenirs pour me donner le courage d'aller vérifier, mais dans le verger il n'y a ni pantin ni pendue aux branches du figuier. En revanche, un châle à grosses mailles vert bouteille gît à son pied.

*

De retour à la maison, je tourne en rond. L'idée que le monde dehors a peut-être disparu n'en finit pas de me tracasser. Je n'ai aucun moyen de communication et je sais à peine où je me trouve. J'en viens à espérer un retour du messager, accompagné de ses grésillements et de ses bips horlogers. Lui pourrait sans doute me renseigner, mais les flashs se sont arrêtés. Si je veux voir le monde et en avoir le cœur net, il me faut monter au sommet. Jusqu'ici je n'ai jamais dépassé la plateforme minérale qui marque l'arête entre les deux versants. De là, la vue ne porte que sur notre vallon et ses environs. Mais en poursuivant le long de la crête, j'arriverai peut-être à voir la vallée qui se situe de l'autre côté.

Le temps est dégagé et je grimpe avec une relative facilité. Même affaiblie, je peux sentir que mon corps s'est endurci et musclé depuis que je suis ici. Au col, une dizaine de vautours s'élèvent en tournoyant, portés par un courant ascendant, avant de s'élancer vers les hauts plateaux. Il me faut encore traverser des buis épineux avant de parvenir à la crête. Je m'y engage avec prudence, l'épine rocheuse n'est pas large et je saisis avec gratitude les quelques arbustes qui me tendent leurs branches noueuses.

Enfin, je débouche sur un promontoire. Le paysage est spectaculaire ; je dispose d'une vue à trois cent-soixante degrés. Je me situe à la cime des rêves qui domine l'horizon, juchée au-dessus d'un vaste royaume de gorges, d'escarpements, de défilés impressionnants et de vastes plans inclinés. Mais aussi loin que je regarde, il n'y a aucune vallée. Juste l'Océan. L'horizon est coupé par une barrière de nuages, à quelques milles des côtes. Un arcus bas entoure la chaîne de sommets, surmonté de cumulonimbus vertigineux, des colonnes massives qui s'achèvent en enclumes. Des masses compactes de gouttelettes en suspension, prêtes à s'abattre à la surface de l'océan. Nous ne sommes pas une montagne, mon Dieu, mais une île. Le monde s'est noyé.

Comment est-ce possible ?

Je reste clouée sur place, effarée par cette révélation. L'incroyable prodige du sol refluant de la montagne, était-ce donc *vraiment* le présage d'un tsunami ? L'univers a-t-il été submergé par le retour du Déluge évangélique ? Ou ai-je été propulsée dans un futur apocalyptique où la banquise aura définitivement perdu son albedo, réchauffant la Terre et élevant les eaux ? À moins que je n'assiste à une vision rémanente des temps archaïques, une image vieille de deux cents millions d'années, baignée de coraux et de plancton, avant que l'Afrique et l'Europe ne se percutent et ne se soulèvent… Où suis-je, bon sang ?

Ma raison extravague et bondit en de folles poursuites. Prise d'étourdissements, je me suis allongée sur un tapis de brindilles. Je ferme les yeux ; j'ai toujours rêvé d'une île… Enfant, je m'imaginais déesse d'un royaume de nacre et de corail, peuplé d'animaux fantastiques et d'oiseaux m'adorant. Je me rêvais sirène entourée de chimères auxquelles les dragons prêtaient serment. Je tropicalisai la genèse et ses mythes, dans un foisonnement iconoclaste de plumes, d'anges et de pangolins. Mon Paradis à moi était romantique, païen et intranquille, un Mont Olympe envahi du fourmillement palpitant du vivant, inscrit sous le signe d'un Pan revenu d'exil. Une île.

Mais ma rêverie ralentit, je reviens lentement à moi et mon étourdissement premier cède la place à une profonde mélancolie. Cette île-ci n'a rien d'exotique, ni héros légendaires ni créatures ailées. Le sol sur lequel je suis étendue est froid et seuls des vautours fauves tournoient au-dessus de moi. Je repars finalement d'un pas lourd vers le vallon, inondée d'un sentiment aigu de désertion.

*

L'absence de Jeanne est encore plus éprouvante depuis que je l'ai revue – ou que j'ai cru la revoir. Je ne sais plus si je dois me fier à mes sens. Mon cerveau m'apparaît comme une masse spongieuse dont je dois me défier, un auxiliaire douteux qui reconstitue sa propre réalité à partir des observations que je lui transmets mais aussi de ce qu'il *imagine* percevoir. Mes yeux, je le sais, ne capturent que des fragments partiels, de courtes séquences du réel qui créent l'illusion de la continuité ; lui, les extrapole et les mélange à des bribes de fictions, rêves et souvenirs tronqués, pour se créer le nid qui va constituer son idée du monde, sa *normalité*. Dès lors, tout devient sujet à mirage et duperie. Surtout ici.

Je me sens profondément déprimée. Je dors beaucoup, me réveillant en sursaut fréquemment, croyant sentir une présence, espérant à chaque fois que la petite animale est revenue. Mais je suis irrémédiablement seule. Je remets un peu de bois dans le poêle avant de retourner me tapir dans ma tanière angora. Cette opération se répète plusieurs fois, je somnole, je prétends m'alimenter, je relance le feu, je dors encore d'un long sommeil sans rêves. J'en perds le compte, le temps qui passe se fait filandreux. Je me sens vaguement lasse de ma propre passivité, lasse de m'accabler et de me complaire dans la morosité.

Au bout d'une éternité, je fais enfin quelques pas hésitants vers la baie vitrée. La neige dehors a fini de fondre et la chaleur du soleil fait fumer le sol détrempé. La vapeur produit une brume basse et légère, comme un jeune nuage venu s'entraîner. Des fumerolles s'échappent du sol, me soufflant que le noyau de l'île est peut-être en feu. Notre vallon ressemble à un marais gazeux qui serait le siège d'une combustion sans incandescence.

Il faut que je sorte. Depuis que je suis ici, le paysage m'a toujours permis de me rincer le regard et l'âme, du vallon à la montagne. La maison est mon abri mais c'est dehors, dans l'air mordant de l'hiver, que mon esprit se désengourdit. Que mes sens s'affûtent, que je me sens résolument en vie.

Il y a quelques années, je vivais encore chez ma mère, nos voisins de pavillon avaient procédé à un échange de maisons avec un couple venu d'un pays du Nord. Alors que je m'extasiais un jour de grand vent des bourrasques qui manquaient m'envoyer à terre, me coupant le souffle et me gonflant d'allégresse, ces hôtes de passage m'avaient appris, amusés, qu'ils possédaient un terme pour ça : *s'enventer*, littéralement aller avec le vent. Je m'étais sentie vivifiée jusqu'aux poumons par l'idée qu'il existe un mot pour décrire ce sentiment qui vous fait courir en bord de la mer ou en forêt, se fondre dans le grand vent qui revigore et apporte la consolation.

Comme je suis devenue étrangère à cette vie qui fut jadis la mienne. Sur la terrasse, la couverture de Jeanne jetée sur mes épaules, il me semble appartenir à ce lieu plus que jamais. Je n'en domine ni ne possède rien. J'y suis une simple touche bleue qui évolue, discrète et timide, façonne la terre en accompagnant le rythme des saisons et métamorphose à peine le cours des sentes. Et le paysage à son tour me transforme, rendant ma course plus agile, mon endurance plus soutenue, mon odorat plus fin. Je l'inhale et le dévore, par milliards de molécules, à chaque inspiration. Il pénètre en moi, par chaque pore de ma peau, sédimente et modifie la qualité de mes organes.

Tout ici me recompose à chaque instant.

Je ne me suis jamais sentie comme ça en ville. L'environnement urbain me semble incroyablement loin, le souvenir de l'hôtel, irréel. Cet oubli qui me gagne lentement me fait du bien et je m'y laisse couler avec gratitude depuis que je suis arrivée.

Soudain, un grésillement dans l'air. Le son enfle rapidement. Une avalanche de sons se met à vrombir dans le ciel.

C'est le messager. Il tente à nouveau de s'interposer ; je le sens tirer mes poignets pour me remonter à la surface. Après des jours de silence, il revient m'injecter de force une dose de pollution, un condensé barbare de civilisation. Des spots lumineux surpuissants clignotent, laissant des taches blanches devant mes yeux. La clameur de milliers de voix et de klaxons menaçants m'assourdit. Je suis assaillie d'odeurs nauséabondes d'essence, d'ammoniac et d'urine. Tout est agressif, cru et grossier. Tout me gifle. La voix du messager domine. Je souhaite de toutes mes forces m'en débarrasser ; j'en pleurerais, mais la voix ne me laisse pas en paix. Elle me harcèle, m'interpelle sur tous les tons, me conjure de lui répondre, de serrer sa main, de cligner des yeux. Mais je suis transformée en plomb. À chaque nouveau flash, mon corps ébloui s'alourdit jusqu'à la paralysie. Je retrouve la sensation d'effroi qui m'a saisie pendant l'accident, quand le golem s'est assis sur moi. Je gis de nouveau à terre, incapable même de frémir. On a coulé du béton dans mes artères. Que pourrais-je faire ? Un son aigu et répétitif me vrille les oreilles. La douleur dans mon crâne devient insupportable. Des taches violacées tournoient sous mes paupières. Je crois que je vais m'évanouir.

*

Quand je reprends mes esprits, je suis allongée sur le sol en pierre de la terrasse. Le supplice m'a semblé durer une éternité. Tout sentiment d'harmonie s'est enfui. Des sensations, des odeurs, des réminiscences surgissent, que j'aurais préféré laisser enfouies. Un parfum âcre d'eau de Javel flotte désormais dans l'air. Le cri d'une sirène deux tons se fond à la bise et on perçoit le vrombissement, loin vers les sommets, d'un moteur d'avion. Les arbres de la forêt, soudain, ressemblent à des marronniers. Comme si la ville me rattrapait jusqu'ici. Et j'enrage de ce sentiment qu'on me vole ma sortie.

J'avance sur la terrasse d'un pas prudent. En bas de l'escalier entouré de brouillard, je mesure à quel point je sors abrutie de ma longue absence. Mes membres sont gourds et ont du mal à se déplier ; ma trachée est encore tapissée de vapeurs d'essence.

Mon cœur s'affole. Je viens de voir une ombre glisser derrière le figuier. Je cligne des yeux pour en chasser l'humidité et m'approche craintivement. Je fais le tour du tronc, mais il n'y a personne ici, aucune trace dans la terre boueuse. J'aurais pourtant juré que l'ombre tirait un caddie.

Le vent me pousse un peu et je poursuis ma marche en direction de la crête. Dans le sous-bois, le sol dur de l'hiver a commencé à dégeler. Le chemin est élastique et collant, le soleil tamisé par les frondaisons. Je frissonne et allonge le pas pour me réchauffer mais mon corps ne suit pas. Le souffle court et les jambes déjà lasses, je maintiens néanmoins l'allure. Mais j'ai beau feindre de mépriser mes faiblesses, le sang vient bourdonner à mes tempes. Un martèlement martial gronde dans mon crâne. La céphalée, legs du messager, revient me tourmenter. Je tente machinalement de la chasser en secouant la tête, mais ce geste me déséquilibre. Je tombe à terre. Mes vertiges sont de plus en plus fréquents. Des points lumineux dansent comme des lucioles dévergondées devant mes yeux.

J'ai dû rester là, étalée dans la gadoue, un long temps avant de reprendre mes esprits. Percluse et pathétique, je me sens terriblement découragée. Je décide d'abdiquer, gigote un peu dans la boue pour déloger un caillou mal placé, puis ferme les yeux. Mon essoufflement s'apaise. Mon cerveau, très rapidement, s'ankylose. Ma main caresse distraitement la terre du bout des doigts. Un vague sourire lié à la souille, je m'endors sans même y penser.

*

9

Je suis réveillée par une truffe humide qui se promène sur ma joue. Terrorisée, je n'ose pas ouvrir les yeux. Un long frisson me parcourt. Mon dos est trempé d'humidité glacée. Mes membres sont endoloris d'avoir sommeillé dans le froid à même le sol. Je retiens mon souffle et me force à ne pas remuer un muscle, espérant que la bête va s'ennuyer de ce corps inerte et s'en aller. Je prie pour que la terre humide ait recouvert mes odeurs corporelles et que l'animal auquel appartient cette truffe ne soit pas trop affamé. Je crois savoir que les félins aiment jouer avec leurs proies mais j'ignore s'il existe des fauves charognards. Je ne veux pas savoir.

Après avoir reniflé mes oreilles et mon visage de son souffle tiède, le museau fouille désormais mon cou. Je respire. Il n'a pas l'air affamé ni hostile du tout. Des poils soyeux me chatouillent la main. Je sens un corps chaud et rond se lover contre mon buste. Je reste immobile, cette fois pour ne pas l'effaroucher. Cette petite vie souple qui appuie légèrement contre mes côtes est incroyablement bienfaisante. Elle envahit mon ventre d'une longue vague de réconfort. Je risque une mince fente de regard mais dès que je lève le menton, la boule de poils se lève d'un bond.

J'aperçois un éclair roux en train de filer. J'ai à peine le temps de déceler la trace d'une égratignure sur son museau et de noter son ventre alourdi. C'est encore l'aube. La renarde a rejoint l'obscurité des fourrés, laissant dans son sillage un parfum de violette. Voilà ce qui la rendait si radieuse. Elle attend des petits.

*

Fourbue et crottée, je reprends le chemin de la maison la gorge sèche et le pas mal assuré. Le soleil se lève à peine ; j'ai déjà besoin d'une pause. J'avise un petit espace dégagé près d'une rivière. L'eau a recommencé à couler avec le dégel. Un flux timide serpente au milieu des branchages et des brindilles mortes qui se sont entassés dans son lit pendant l'hiver. Le froid rend l'eau cristalline, les impuretés qui y grouillent l'été et soulèvent la vase ne la troublent pas encore. Je m'accroupis sur la rive et me penche en avant pour recueillir un peu d'eau dans la coupe de mes mains. Les premiers rayons de soleil réchauffent amicalement mon dos, la température de l'air s'adoucit un peu. Les troncs des pins parasols prennent une teinte rosée et l'eau du ruisseau se met à briller. J'ai soudain très envie de m'y plonger.

Abandonnant mes vêtements dans l'herbe naissante, je m'avance précautionneusement. Les cailloux me blessent la plante des pieds. Quand je m'immerge dans le mince filet d'eau, mes poils se dressent d'instinct. Mais ce vieux vestige de l'évolution ne sert plus à rien. Affaiblie depuis des millénaires, ma pilosité a perdu sa fonction première. Et l'eau est glacée.

Le froid me saisit et me coupe le souffle. Très rapidement, mes vaisseaux sanguins rétrécissent et l'onglée engourdit mes sens. Mon corps cesse de frissonner ; il économise son énergie. D'ici quelques minutes, quelques heures, mon cœur va ralentir, mon cerveau manquer d'oxygène. Je vais avoir du mal à parler, à respirer, mais peut-être aurai-je la chance de croiser une carpe remontant jusqu'à sa destinée. À la surface de l'eau, de minuscules vaisseaux de bois frôlent mon visage avant d'aller se coincer entre deux rochers. Cet été, l'endroit sera envahi de libellules mordorées, petits engins vrombissants créant des éclairs bleutés. Le creux de la rivière servira de point d'eau pour les animaux. On y verra les écrevisses qu'on attrape avec des morceaux de chair, des alevins et des crapauds. Puis la chaleur tarira le débit et les rochers émergés se couvriront lentement d'une mince couche d'algues visqueuses.

D'un coup je me redresse en hoquetant et en toussant. Je me suis assoupie, de l'eau glacée est entrée dans mon nez et vrille mes sinus. Je me relève d'un bond en dérapant sur les galets. La douleur irradie dans mon front et s'insinue dans mes gencives. Mes gestes sont maladroits, mes jambes gourdes ne me portent pas. Je trébuche et m'ouvre la main sur l'arête d'un rocher. Ma peau est si froide qu'elle ne saigne pas.

Parvenue à la berge, je me traîne dans l'herbe jusqu'à un halo de lumière. Une trouée dans les frondaisons laisse passer le soleil jusqu'à mon corps frigorifié. Ma peau recommence à frissonner, mon rythme cardiaque s'accélère. Une brusque nausée me saisit et je ne peux me retenir de hurler. Cette voix rauque qui s'élève dans la clairière fait taire brusquement les oiseaux. Le retour de la circulation sanguine provoque une décharge de douleur qui explose dans tout mon corps. Je me recroqueville sur le sol, comme sous l'assaut de mille piqûres.

Chaque centimètre de peau m'inflige des cruautés. Instinctivement, je remonte mes bras vers ma tête pour me protéger. Au contact de la peau nue et brûlante de mon crâne, je crois m'évanouir. Mes vaisseaux sanguins, en se dilatant, font bouillir mes veines. Elles charrient des torrents de sang qui m'enflamment de l'intérieur. Incendiée ; j'abrite un brasier. Ma peau est écarlate, comme brûlée au second degré.

*

La douleur a fini par s'apaiser suffisamment pour que je puisse rentrer. Quand je retrouve notre vallon, le soleil est à son faîte. Il prend chaque jour de la vigueur et depuis quelques jours le jardin adopte des allures printanières. De minuscules pousses vertes font leur apparition sur les tiges des framboisiers, des bourgeons pâles et duveteux sur les branches des pommiers et, malgré le risque de gel toujours présent, on devine des pétales rose vif enserrés dans leur enveloppe, prêts à jaillir sur le pêcher.

La brûlure du gel s'est transformée en une douce chaleur qui s'insinue dans mon corps. Je souris aux deux lunes qu'on distingue dans le ciel inondé de lumière et partage avec elles l'ironie légère, dans ce règne de l'improbable qui gouverne nos montagnes, d'un bain de rivière qui vous vaut une insolation à la fin de l'hiver. Je ne me suis pas rhabillée depuis la clairière, ma peau est encore douloureusement sensible et l'idée même du tissu m'est insupportable. Alors que je parcours les allées du verger, je réalise au souffle d'air qui me caresse que certaines parties de mon corps n'ont jamais vu la falaise ni senti sa brise. La peau y est plus pâle, vierge et fine. Blafarde comme ces êtres des abysses, aveugles d'avoir choisi les profondeurs sans jamais s'exposer à la lumière.

La nuit passée dehors et mon hypothermie m'ont épuisée. J'ouvre en grand la baie vitrée, étale ma courtepointe en velours devant le seuil et m'y étends prudemment. Un léger courant d'air rafraîchit ma peau fiévreuse. Je frissonne longuement, m'étire en féline et laisse le sommeil m'emporter.

*

10

Un bruit de pas réguliers, des talons qui frappent le sol. J'ai le cœur aux tempes et le sang qui tambourine. Une nouvelle vague de nausée serre mon ventre. Je lutte pour ouvrir les yeux mais mes paupières restent désespérément fermées. J'y porte la main ; un fil rêche court le long de mes cils. Je veux crier mais ma bouche s'est effacée. À son endroit la peau est lisse et douce sous mes doigts. L'angoisse déferle sur moi. La lucarne ouverte sur l'hiver, *ce qui veut venir* et les suicidées du verger, des couteaux de cuisine et un moineau en sang, les images défilent, se superposent, se mêlent et s'enroulent, forment des torsades démesurées s'allongent comme des lianes et s'entortillent à mes poignets. Déflagrations d'éclairs fuchsia ; le souffle glacé sur mon crâne rasé appelle la souille des sangliers et mon sexe aux poils dorés de femelle kitsune s'échappant dans les fourrés, la fête d'équinoxe se mêle à la pourriture des culs noirs peuplée d'essaims de lucioles brûlantes, la gémellité des lunes dans un ciel peuplé de créatures ailées qui jaillissent quand le petit peuple de la nuit envahit le tapis rose devient noir de milliers de bêtes de pattes et d'antennes des nuées dans mes oreilles terreur et le golem rit aux éclats s'acharne sur ma nuque, la moto finit de brûler à côté de moi le bitume autour de la carcasse est grumeleux noir et bleu, mon corps d'ecchymoses et de débris carbonisés, le feu me lèche l'asphalte râpe mes yeux et un goût de gravier se mêle au jus des champignons poivrés qui dégouline le long de mes gencives, je me dédouble triple trouble mon identité je suis un être cosmique de seconde génération je veux comater encore m'envoler princesse de chimères mais le messager actionne la sirène qui doit me réveiller, trop d'éther et de néons, un parfum de fougères me traverse la gadoue, des odeurs âcres de sous-bois et de feu de cheminée, la caresse voluptueuse d'une fourrure si douce qu'elle me fait pleurer, je marche au ralenti en reculant pour sauter et derrière un pin je découvre un cerf aux bois démesurés qui plante des graines dans un tapis de mousse, il me dévisage avec impatience mais je ne comprends pas ce qu'il attend de moi, je m'enfuis d'un escarpement vertigineux et plonge dans l'océan, l'île est nimbée de nuages qui me regardent les yeux furieux, une vague géante venue du fond de l'horizon avance enfle me submerge, je m'abîme dans les profondeurs aveugles, soulagement intense mais un troupeau de globicéphales me secourt, je les insulte en crachant et crève la surface m'envole vers les petites lueurs orangées qui dorment en soupirant, une immense couverture bleu perle s'abat sur moi elle m'entrave je me débats le tissu lourd se gorge d'eau et me tire vers le fond tapissé d'écrevisses qui grignotent mes chairs, je me défais je me déchire je suis algue liquide je sombre il n'y a plus de lumière.

ÉPILOGUE

J'ai été secouée de frissons de fièvre, de nausées et de tremblements pendant des jours. J'ai perdu la notion du temps, perdu conscience tout court. Quand je suis revenue à moi, j'étais allongée à plat ventre sur le tapis à quelques centimètres de la vitre du poêle, une colonne de bestioles traversait mon visage et mon front était brûlant.

Je me sers une tisane âcre, au goût épicé. Les fins hérons bleus dessinés sur la porcelaine semblent me saluer de leur long cou attentif. Le service appartenait à ma grand-mère, il n'en subsiste que cette tasse évasée. Par la baie vitrée, je vois passer un immense papillon jaune veiné de noir, le premier de l'année. Un lézard escalade le mur en se dandinant puis se glisse dans une anfractuosité. Mes jambes sont faibles, je vacille légèrement. En passant la main sur ma tête, je m'étonne de sentir un léger duvet en train de repousser.

Frissonnante de fatigue, j'enfile mon gros châle vert avant de sortir. Sur la terrasse en pierre, éblouie par la luminosité, je porte ma main en visière. Le vallon n'a pas changé, chaque chose est à sa place et la vue familière du figuier me rassérène. L'air est doux et clair ; c'est une de ces journées exquises où l'été redevient une possibilité.

Deux semaines se sont écoulées, peut-être trois. Dans le jardin, une herbe vert vif a couvert les allées et le pêcher épargné par le gel est désormais en fleurs. Je suis en retard pour les semis mais je me sens agréablement détachée. Quelque chose a cédé en moi. Un ultime verrou, que je ne sais nommer. Le ressort trop souvent actionné de cette espèce éternellement insatisfaite, une part d'humanité peut-être, je ne sais pas. Je me sens infiniment calme et en paix, délivrée des emprises qui empêchent et des batailles à mener, des routines à reproduire, des craintes et des attentes mille fois éprouvées. C'est un alanguissement auquel il est si reposant de se confier. Légère, je m'avance sans but précis vers le verger, savourant le plaisir simple de sentir chaque organe de mon corps fonctionner.

Le pied du figuier est parsemé de primevères jaunes. Un couple de bouvreuils pivoines au bec court et à la tête noire me suit. Je croise une vieille paire de raquettes en bois qui m'emplit de mélancolie, sans que je sache précisément pourquoi.

Une intuition diffuse m'attire vers la remise, une modification dans la qualité de l'air, un parfum vague et intrigant. Aveuglée par l'obscurité après l'éclat blessant du soleil, je m'attarde un instant à la lisière de l'entrée. Quelques pas à l'intérieur et j'éprouve la texture des étagères en bois de la pulpe de mes doigts qui y récupèrent une fine poussière cendrée. Je m'assieds dans un vieux fauteuil usé dont les ressorts gémissent quand il me reçoit. La remise est agréablement fraîche et je m'y sens à mon aise. Mes yeux s'habituent à la pénombre. Au fond, une courte porte en bois s'entrebâille sur l'étroite pièce dans laquelle on entrepose les provisions. Je ferme les yeux et commence à m'assoupir quand un couinement me réveille. Je tends l'oreille.

Quelque chose gémit doucement, insiste et m'appelle.

Quand je pousse la porte du fond, une puissante odeur musquée et sucrée me prend à la gorge. La petite fenêtre devant laquelle sont tirés de vieux rideaux diffuse une lueur orangée. Sous elle, on distingue un tas emmêlé de couvertures, plaids, étoles et coussins abandonnés. Le monticule forme une sorte de terrier ; devant, le sol est jonché de plumes, de restes desséchés et de cadavres de musaraignes avariés. Je me baisse silencieusement, écarte doucement le bord du pan en laine et découvre l'antre d'un nid.

Son creux est doublé d'herbes sèches et parsemé d'un fin duvet roux ; il y flotte un léger parfum de violette. Cinq minuscules vifs chauds y dorment blottis les uns contre les autres. Une envie irrépressible de partager leur tanière m'électrise par longues vagues du creux du ventre jusqu'à la nuque. La violence du désir me fait frissonner. La renarde me regarde par en dessous, le museau et les oreilles pointés vers moi, une invitation timide dans les yeux.

*